云南省首批人才工作示范备案项目
乡村CEO人才培养基地系列教材

乡村CEO
职业素养

李宇卫 张 权 总策划
王亦秋 潘兴蔚 顾洪瑞 主编

中国农业科学技术出版社

图书在版编目（CIP）数据

乡村CEO职业素养 / 王亦秋，潘兴蔚，顾洪瑞主编. -- 北京：中国农业科学技术出版社，2025. 1. -- ISBN 978-7-5116-7286-5

Ⅰ．F324

中国国家版本馆CIP数据核字第20257RC011号

责任编辑	刁 毓　费运巧
责任校对	马广洋
责任印制	姜义伟　王思文

出 版 者	中国农业科学技术出版社
	北京市中关村南大街12号　邮编：100081
电　　话	（010）82106641（编辑室）（010）82106624（发行部）
	（010）82109709（读者服务部）
网　　址	https://castp.caas.cn
经 销 者	各地新华书店
印 刷 者	北京捷迅佳彩印刷有限公司
开　　本	185 mm×260 mm　1/16
印　　张	9.75
字　　数	193千字
版　　次	2025年1月第1版　2025年1月第1次印刷
定　　价	38.00元

---版权所有·侵权必究---

编者名单

总策划

李宇卫　张　权

主　编

王亦秋　潘兴蔚　顾洪瑞

副主编

刘建雄　杨冬琴　黄　馨　马永立

编写人员

王　芳　魏弘艺　关　优　王　慧　吴雪瑞

序 一

乡村振兴需要自己的职业经理人

我从20世纪90年代开始从事乡村发展实践方面的工作，从培训农民使用先进的农业生产技术开始，在黄淮海平原的乡村组织农民培训。当时中国乡村发展面临的巨大挑战是人地关系紧张，乡村劳动力就业严重不足，"隐性失业"是主要问题。随着工业化和城镇化的持续发展，乡村劳动力不断转移，首先是青壮年男性劳动力外出，从而产生了留守妇女、留守儿童和留守老人。逐渐地，乡村女性也开始大规模外出务工，同时国家在教育等公共服务上逐渐取消了城乡割裂的政策，乡村儿童也逐步都随父母进城上学。乡村人口逐渐减少，2023年，我国常住人口城市化率达到了66.16%，而户籍人口城镇化率为48.3%，两者相差17.86个百分点，也就意味着大约有2.5亿乡村户籍人口居住在城市和城镇，虽然乡村人口的外流在一定程度上缓解了人地矛盾，为我国农业适度规模化经营和农业现代化创造了条件，但也不可避免地带来乡村空心化以及乡村人口的老龄化，目前我国乡村人口中老年人占比达到了23.8%，远高于城市的15.8%。这些变化使乡村振兴面临着人才严重匮乏的挑战。

2015年开始，我的团队在云南省勐腊县河边村开展农文旅融合的乡村新业态培育工作。河边村位于西双版纳自然保护区边缘，村庄周围都是热带雨林，村内的建筑都属于干栏式风格，村庄保留着非常传统的瑶族文化习俗，气候宜人，脱贫攻坚期间，在政府的易地搬迁项目和危房改造项目的支持下，我在河边村开展深度贫困脱贫路径探索时，就希望将其优质的生态资源、气候资源、文化资源能够转化成文旅资源，因此在农村住房建设项目中，优化农户住房的结构和功能，每家每户都能够改造出至少一间可以用来招待游客的客房。2018年，河边村建设工作结束，村庄到主干公路的道路修通了，村内实现了硬化道路通到各家各户，农户的房前屋后种上了本地花草果木，村里有了干净卫生的公共厕所，无线网络也联通了，还建了一个会议室，具备了接待游客的功能。我的团队也开始在村里组织各种学术讨论会，也引导了一些教育机构来村中开展冬令营活动，从而吸引了一些游客来村子里旅游、度假、研学、举办会议等，为村庄带来生机和活力。在这个过程中，我发现最难的不是建设乡村，而是经营乡村。因为乡村里缺乏具有管理技能和经营能力的人，乡村的优质资源无法转化成发展资源。我在前些年接受一些媒体采访时，就明确指出"乡村里缺乏具有管理技能和经营能力的人。这不仅是河边村面临的问题，而是很多乡村都有的普遍问题。在过去多年的脱贫攻坚实践中，政策对乡村产业的支持力度非常大，但当利用政府的支持，把产业发展起来后，却要面对普遍性的人才匮乏的问题，谁来帮助乡村经营这些产业就成为摆在大家面前的一个难题。"

后来，我带领团队在云南省昆明市、昭通市、曲靖市、临沧市、怒江傈僳族自治州开展乡村振兴示范村建设工作，政府的行政力量、专业团队的技术力量以及村民的建设能力能够很快完成村庄的建设，一些村庄不到一年的时间就变了模样，成为当地的样板村和示范村，但是进入运营阶段后，都面临着运营管理人才匮乏的问题。在多年的乡村振兴一线工作中发现，因乡村缺乏就业机会和收入提升机会，乡村人才不断向城市流动，乡村的孩子从小就被教育长大后要走出乡村，进入城市工作。"城市中心主义"的经济观和价值观取向是造成乡村人才匮乏的重要因素。乡村几乎留不下人才，很多时候，乡村成为一个人才的荒漠，这是现代化过程中给乡村留下的问题之一。我们发现，大部分富裕的乡村都有一个致富带头人，这个人可能是村干部，也可能是农民企业家。但大多数贫穷的村庄中，都没有这样的人，而这些村庄的发展，的的确确需要这样的人。

在云南的乡村振兴实践中，我们开始尝试培养乡村运营人才，也就是乡村职业经理人，也称为乡村CEO。一开始，我们在示范村面向全国招聘乡村职业经理人，报名的人很多，留下的人有很多还没有到试用期满就离开了，离开的原因并不是因为他们不愿意在乡村开展工作，而是他们中很多人发现运营乡村并不是一件容易的事情，这些人中不乏曾经在一些企业中已经做出一些成绩的，但到了乡村却出现了"水土不服"，不了解"三农"政策，不理解乡村社会结构和秩序，也难以设计出能够发挥乡村独特资源优势的产业；一些刚刚毕业的大学生虽然拥有一腔在乡村创业干事的热情，但是也困于没有相应的能力而打了退堂鼓……我们在示范村招聘的第一批乡村CEO，最后只有一个人留下来。在这个过程中，我发现乡村运营人才是需要去培养的。

2021年，中国农业大学国家乡村振兴研究院与腾讯公司可持续社会价值事业部联合发起的"中国农业大学-腾讯为村乡村CEO计划"应运而生，旨在通过为期一年的综合性系统培训，培养乡村职业经理人，对接都市动能，将城市圈的人流、资源和管理模式带到乡村，以公司运营的模式，打造会展经济、网红经济、打卡经济、周末经济和夜市经济，进而不断壮大村集体经济，从而探索解决欠发达地区乡村经营性人才匮乏问题的实践模式和路径，为乡村人才振兴提供经验和创新方案。通过创新的系统性的学习，计划通过一年综合性系统培训，全方位打造乡村经营管理的专业人才，该计划不仅包含了深入的理论学习，让学员们能够全面理解国家的乡村振兴战略和政策导向，还融合了实地考察和在岗实训环节，确保学员们能将所学知识与实践紧密结合，提升其解决实际乡村经营问题的能力。通过乡村 CEO 项目的实施，旨在培养出一批能够综合运用现代科技、管理知识和创新思维来解决乡村发展中遇到的各种问题的领导力量。目前，该项目已经完成了第一期和第二期的乡村 CEO 的培训，培养了 150 多名学员。这些学员经过系统学习，成长为具有一定的领导技能、综合运营技能、乡村创业技能的复合型乡村人才。他们已经成为乡村振兴中一支非常重要的新生力量，为乡村发展注入了新的活力。

乡村 CEO 人才的培养很快得到了很多地方政府的关注，并都向我们表达了培养人才的合作需求，我们的团队无法承担起日益增长的培训需求。于是，我们就开始思考如何让更多的机构参与到这项工作中。昭通学院、曲靖师范学院和云南农业大学成为我们第一批合作伙伴。我们通过和这三所地方院校的团队密切合作，并先后在昭通学院、曲靖师范学院建立了专门的乡村职业经理人培训机构，尤其是昭通学院成立了第一个"中国乡村 CEO 学院"。这种努力还得到了云南省委组织部的认可和支持，并将其列入省级人才示范项目。2022 年至今，昭通学院完成了多批次的面向昭通和云南的乡村 CEO 培养计划，在计划执行过程中，该学院的师资不仅参与到理论教学中，还参与到 CEO 学员的实践指导中，在实践中他们不断总结，形成了当前乡村运营人才的最迫切的技能需求，并组织编写了《乡村 CEO 职业素养》《乡村 CEO 沟通实务》《乡村 CEO 法律实务》《乡村企业市场营销》《乡村企业库存管理》和《乡村企业财务管理》等应用性、实操性强的系列图书，为乡村 CEO 人才的培养提供了有效的理论参考。

是为序。

李小云

2024 年 11 月

序 二

为乡村经营播下一粒粒火种

近四年以来，我每年都有相当长的时间奔走在全国各地的乡村。在村里，和来自全国各地，甚至来自国际上的专家、学者、友人共同探讨腾讯助力乡村可持续发展的方法策略；在村里，了解年轻的乡村 CEO、兴乡青年们参加培训、经营乡村的成效、方法，并给他们支招；在村里，与我的同事们、与当地的干部、与共创合作伙伴，共同讨论、推动共富乡村试点示范建设的探索实践。

这源于四年前，为落实"科技向善"的使命愿景，腾讯进行了第四次战略升级，将"推动可持续社会价值创新"纳入了公司的战略底座，并专门成立可持续社会价值事业部（SSV）进行助力重大社会议题解决的试点探索。我不但有幸参与这次战略升级的全过程，而且还负责了助力乡村发展的为村发展实验室。

说起"腾讯为村"，并不是这次战略升级才有的；说起助力乡村发展，更不是这次战略升级才有的。那需要回溯到 23 年前，2002 年，处于初创期的腾讯，为广东清远的一所山区小学捐献了电脑，就此拉开了腾讯与乡村的缘分。从一开始向乡村捐款捐物，到后来派人挂职，再到近年来探索可持续、可复制的创新解决方案，我们深刻认识到"授人以渔"之于乡村的重要性。一个人就是一粒火种，一粒粒火种播下去，就是星星之火，可以燎原。从乡村人才培育的角度切入助力乡村发展，不仅关乎一个村庄的发展是否可以激发出内生动力，也关乎到好的数字工具是否可以真正发挥出作用，还关乎到社会共创如何更好地助力乡村振兴的可持续性。

在 2021 年成立 SSV 之前，我们在培养和服务乡村治理人才方面已经有了较为完善的经验，并一直运营着"腾讯为村数字公益平台"（即现在的"村级服务平台"），但对乡村经营及乡村经营性人才的培养还是认知有限。就是在这个时候，我们非常荣幸地结识了中国农业大学李小云教授及其团队。经过多次的交流和云南实地调研，我们的共识越来越接近，越来越有共同为乡村发展去探索和实践的欲望。于是，我们决定一起开展一场"浪漫的实践"。2022年1月，"中国农业大学－腾讯为村乡村CEO培养计划"（简称乡村CEO计划）第一期正式启动。在当地政府的支持下，我们在全国招收了50多名学员，经过一年的试验探索，形成了国内首套乡村CEO系统化培养方案，也验证了我们的设想。我们统计了其中31名学员所在经营主体的收入，从学员参加培训前的550万元增加到了培训后的3 700万元。

乡村CEO计划一期给了我们很大的信心。在一期试验的基础上，我们就考虑要在一些地区搞在地化的试点。在地化的试点，不仅仅是培养，还得有招聘，我们提出了"培－聘"结合的地方制度化探索。也就是在这个时候，昭通、曲靖、昆明成为了试点地区，在2023年举办的乡村CEO计划二期的110名学员里，有60多名来自这三个地区，许多是在当地政府主导下为村庄招聘的乡村CEO，而且每个地区单独成班；也就是在这个时候，昭通学院、曲靖师范学院、云南农业大学加入了乡村CEO的培养网络。昭通学院率先成立了国内第一个培养乡村CEO的专门学院——中国乡村CEO学院，李小云教授被聘为院长，我有幸被聘为合作院长。在经历了乡村CEO计划二期的随班学习和参与教学管理后，学院的教职员工不但掌握了乡村CEO的系统化培养体系，还结合自身实际创新和丰富了更多的培养方法。在2024年的培养工作中，李小云教授和我，还有中国农业大学和腾讯公司，除了给予智力和数字化赋能上的支持，没有再直接参与到教学管理等具体工作中。不仅是在昭通，曲靖和昆明也都获得了较为扎实的制度化成果：曲靖师范学院成立了专门的乡村CEO培养学院，昆明市委农村工作领导小组专门印发了《昆明市强村富民乡村CEO培育实施方案》。据云南乡村振兴微信公众号文章报道，在乡村CEO机制带动下，2023年，昆明市1 401个行政村村级集体经济总收入50.91亿元，村集体经营性收入34.9亿元，均列云南省第一位。"培－聘"结合的地方制度化，为乡村经营性人才在地化储备了养料，种下了更多的火种，也带动村集体经济焕发出新的活力。

乡村CEO生命力的迸发对激发乡村内生动力具有意义深远的创新价值，乡村CEO的招聘与培养也成为了各地推进乡村振兴的重要抓手。也就是在2023年，无论是在西部的云南、重庆、广西，还是在东部的浙江、广东，我们与越来越多的地方政府一起推动乡村经营性人才的培养，越来越多的村庄也聘上了乡村CEO。2024年，在农业农村部的指导下，中央农广校、中国农业大学、腾讯共同启动了面向全国的"万名乡村职业经理人培养计划"，首批选定在湖南、湖北、山东、陕西四省试点培训，将有更多的省出现乡村经营的火种。我们也注意到，除了我们直接参与的项目，越来越多的地方政府和社会力量也正在被催化、被感染，投入到了乡村CEO的培养中来，投入到乡村经营中来，乡村经营的生态正在蓬勃生长。截至2024年底，腾讯直接参与的乡村 CEO 培养项目，在各地政府的主导下覆盖到了 17 个省（自治区、直辖市）的 309 个县。

不仅在国内，乡村 CEO 培养的经验也正在成为中国减贫经验的组成部分，助力面向国际输出中国减贫经验、讲好中国减贫故事。2024 年，作为中非合作论坛峰会的配套落地行动之一，中国农业大学、腾讯公司、坦桑尼亚姆祖比大学与乌干达马克雷雷大学商学院签署共建中非乡村青年创业促进研究院合作协议。作为研究院工作之一，"中国农业大学–腾讯为村非洲青年兴乡计划"在坦桑尼亚桑给巴尔和乌干达启动，首批 20 名非洲青年来到中国学习考察，作为火种将中国乡村经营的经验和案例带回非洲；中国农业大学和腾讯公司还共同发起了"乡村 CEO 英领计划"，首批 15 名中国乡村 CEO 赴日本学习，不仅是为了让乡村 CEO 拓展国际视野，更是为了持续引领探索乡村经营性人才培养的创新方案。

而从腾讯推动可持续社会价值创新的路径来看，我们不仅是提供了培训的部分资金支持；更为关键的是，腾讯的数字化链接能力正在为乡村 CEO 们链接知识、链接彼此、链接资源、链接市场带来了更多的可能。为了方便乡村 CEO 学习交流，我们上线了"共富乡村学堂"，目前注册用户超过了 7 万人，其中 5 万多人为培训项目的学员，人均学习时间达到了 65 分钟。学习平台大大降低了各地培训项目的成本、提高了培训效率、便捷了学员链接知识和链接彼此，从而激发内生动力和抱团发展。

我们看到，在数字化工具的加持下，不仅快速扩大了培训覆盖度，还让乡村 CEO 学员们带动村庄更加便捷地链接资源与市场。也就是说，那一粒粒火种正逐渐成为火苗，正在抱团发展，燃成一片、带动一片。乡村数字化经营作为特色培训模块广受学员们好评，特别是依托微信生态的视频号、微信小店等专项培训。例如，2024 年 12 月至 2025 年 3 月开展的"乡村 CEO 秀云南"等直播实战培训，15 场累计总场观达到 42 万人次；2024 年 12 月至 2025 年 2 月开展的微信小店培训及实战活动，500 名学员报名参加学习，开通近 100 个微信小店，上架 1 000 余款农产品，这些小店的总订单量达到 48 万多单。我经常会举乡村 CEO 计划一期学员黄金的例子，在学习过程中，他就联合班里的同学抱团发展，不但联合出资在成都和桂林成立了公司实体，还成立了"乡村 CEO 甄选"农产品电商服务平台，目前平台上就汇聚了全国乡村 CEO 学员所在 110 个村庄的 600 多款"土特产"，去年通过视频号直播、达人带货及微信小店等方式，实现了近 160 万元的营收。今年，他联合乡村 CEO 计划二期的几名学员，扎根在成都，正在探索多村抱团发展的乡村经营模式。还有一期学员廖志腾，在学习期间，就选择了和同样来自广西桂林龙胜的同学潘玉祥、潘德辉抱团发展，三人先共同在当地成立了自己的农文旅公司，通过微信视频号、微信小店、云认养小程序、云服务小程序等数字化工具逐渐从串起 6 村到串起 15 村，与超过 20 名乡村 CEO 人才抱团发展，创新当地"土特产"组合销售、农文旅业态线路化经营。而在重庆酉阳何家岩村，这个我们为了验证观察乡村 CEO 培养效果，探索总结出"机制 + 人才 + 数字化"内生型系统性共富乡村建设解决方案的第一个示范村，建设之初的 2021 年，村集体经济收入不到 100 万元，在乡村 CEO 团队与项目专班的共同努力下，村集体经济收入增加到 2022 年的 479 万元，2023 年攀升至 699 万元，2024 年突破了 700 万元。更为可喜的是，何家岩共富乡村模式已被当地政府主导复制到全县 50 个村。

为乡村经营播下一粒粒火种，任重道远，注定是一件难而正确、需抱有长期主义决心的事，需要更多培养机构具备专业的培养能力，需要各级政府及各类服务主体共同形成一个服务乡村 CEO 的生态圈。非常欣喜的是，云南昭通学院"中国乡村 CEO 学院"又快走、早走了一步，结合这两年的教学管理实践，组织编写了《乡村 CEO 职业素养》《乡村 CEO 沟通实务》《乡村 CEO 法律实务》《乡村企业市场营销》《乡村企业库存管理》和《乡村企业财务管理》等一套系列图书，相信这套丛书不仅对乡村 CEO 有极强的学习实操价值，并且对培训机构研究和借鉴乡村 CEO 培养具有很强的参考价值。

是为序。

2025 年 1 月于北京

前 言

在新时代的洪流中，乡村振兴战略如同一股强劲的东风，吹拂过广袤的乡村大地，为乡村的未来发展绘制了一幅壮丽的蓝图。这一战略不仅承载着国家对乡村地区的深切关怀，更寄托着亿万农民对美好生活的热切期盼。乡村振兴战略的重要意义，不仅在于推动乡村经济的繁荣，更在于促进城乡融合，实现社会和谐，传承乡村文化，保护生态环境，构建一个更加公平、公正、可持续发展的社会体系。

一、乡村振兴的时代背景

随着中国城市化进程的加速推进，乡村地区在人口、经济、基础设施等方面都面临着前所未有的挑战。大量农村人口涌入城市，导致乡村劳动力短缺，经济发展滞后，基础设施落后，教育、医疗等公共服务资源匮乏。这些问题不仅制约了乡村地区的经济发展，也影响了农民的生活质量和幸福感。然而，危机往往伴随着机遇。在城市化进程的同时，乡村地区也迎来了前所未有的发展机遇。国家对乡村振兴的高度重视，为乡村地区提供了政策、资金、技术等多方面的支持。随着消费者对绿色、健康、有机产品的需求日益增长，乡村地区在农产品加工、乡村旅游、生态农业等领域展现出巨大的发展潜力。此外，现代信息技术、生物技术、新能源技术等在乡村地区的广泛应用，也为乡村产业升级和绿色发展提供了有力支撑。

当前，乡村发展面临的机遇主要体现在以下三个方面：一是政策机遇，国家层面出台了一系列支持乡村振兴的政策措施，如土地制度改革、农村金融服务创新、乡村产业扶持政策等，为乡村发展提供了有力的制度保障；二是市场机遇，随着消费者对高品质农产品的需求日益增长，乡村地区在农产品加工、品牌塑造、市场营销等方面具有广阔的发展空间；三是科技机遇，现代信息技术、生物技术、新能源技术等在乡村地区的广泛应用，为乡村产业升级和绿色发展提供了有力支撑，通过科技创新，乡村地区可以实现农业生产的智能化、精准化，提高农产品附加值，提升乡村产业的竞争力。

然而，乡村发展也面临着不少挑战：一是人才短缺，乡村地区普遍缺乏高素质的专业人才和管理人才，制约了乡村产业的创新发展和现代化进程；二是资金不足，乡村地区融资渠道有限，难以满足大规模基础设施建设和产业发展的资金需求；三是生态环境压力增大，乡村地区在发展过程中面临着环境污染、生态破坏等问题，需要平衡经济发展与生态保护的关系；四是社会治理体系亟待完善，乡村地区社会治理体系相对落后，基层治理能力薄弱，难以满足人民群众对美好生活的向往。

二、乡村 CEO 角色定位

2022 年，党的二十大提出建设宜居宜业和美乡村的重大任务。2023 年中央一号文件对此作出明确部署，加快建设宜居宜业和美乡村正成为推动农业农村现代化的重要抓手。同时，文件还指出，鼓励有条件的地方探索村村抱团发展、村企村社联动发展、职业经理人入村等多种形式的合作。"职业经理人入村"即是以经营型人才发展农村集体经济的创新探索。

乡村 CEO 作为一个新兴的职业角色，正在逐步成为推动乡村全面振兴的重要力量。他们不仅具备丰富的商业管理经验和敏锐的市场洞察力，还熟悉乡村地区的实际情况和发展需求。乡村 CEO 在乡村经济、社会、文化、生态等方面扮演着核心角色，承担着推动乡村产业升级、促进农民增收、加强社会治理、传承乡村文化、保护生态环境等多重责任。

中国农业大学李小云教授长期致力于乡村建设实践研究，与腾讯公司共同发起的"中国农业大学–腾讯为村乡村职业经理人培养计划"（以下简称"乡村 CEO 计划"）就是对乡村职业经理人培养模式的探究，其目的是为破解乡村人才匮乏的难题，为乡村振兴培养、输送懂乡村、会经营、爱乡村的青年人才。

人才培养是一项系统工程，在这项系统工程中履行人才培养、科学研究和服务社会三大职能的高等院校应该发挥积极的作用。对于以服务地方经济社会为宗旨的昭通学院而言，为当地的和美乡村建设尽心尽力，责无旁贷。2023 年 2 月 25 日，昭通学院在昭通市委、市政府和省级相关部门支持下，全国第一所乡村职业经理人学院——"中国乡村 CEO 学院"暨"中国乡村 CEO 人才培养基地"在昭通学院挂牌成立。随后，聘请了李小云教授担任"中国乡村 CEO 学院"首任院长，并积极地参与到二期的具体培训工作中。

作为发起该项目计划的中国农业大学和腾讯公司，前期在乡村 CEO 人才培养模式和路径上进行了很好的探索。归纳出了乡村培养须具有五个方面核心竞争力的乡村职业经理人：一是农业产业规划管理能力，要求积极引进项目推动村集体经济发展；二是挖掘乡村资源自主创新能力，要求依托"绿水青山"铸就"金山银山"，打造乡村特色文化品牌；三是公司财务运作产品营销能力，要求组建专业运营团队做活乡村各类资源；四是对接政府与市场能力，要求积极推动有效市场和有为政府更好结合，促进农村产业与消费"双升级"的良性互动；五是乡村领导能力，要求协助村委干部推进乡村治理。

在经济方面，乡村CEO需要制定科学合理的产业发展规划，引导乡村产业向高端化、智能化、绿色化方向发展。他们需要深入研究市场需求和消费者偏好，结合乡村地区的资源禀赋和产业优势，制定切实可行的产业发展策略。同时，他们还需要加强产业链上下游的协同合作，推动农产品加工、乡村旅游、生态农业等产业的融合发展，提高乡村产业的附加值和竞争力。此外，乡村CEO还需要积极引入外部资金和技术支持，推动乡村产业的创新升级和可持续发展。

在社会方面，乡村CEO需要加强乡村社会治理体系建设，提升乡村公共服务水平。他们需要推动乡村基层治理体系和治理能力现代化，加强基层党组织建设，提高基层治理效能。同时，他们还需要加强乡村公共服务设施建设，提升教育、医疗、文化等公共服务水平，增强乡村居民的获得感和幸福感。此外，乡村CEO还需要积极参与乡村社会治理，化解社会矛盾，维护社会稳定和谐。

在文化方面，乡村CEO需要深入挖掘和传承乡村文化精髓，推动乡村文化与旅游、教育等产业的融合发展。他们需要加强对乡村文化资源的保护和利用，挖掘乡村文化的独特魅力，打造具有地方特色的文化旅游品牌。同时，他们还需要加强乡村文化的传承与创新，推动乡村文化与现代教育、科技的深度融合，提升乡村文化的软实力和影响力。

在生态方面，乡村CEO需要坚持绿色发展理念，加强生态环境保护与修复。他们需要制定科学合理的生态环境保护规划，加强生态环境监测和治理，推动乡村地区的环境质量持续改善。同时，他们还需要推广绿色农业技术和生态农业模式，减少化肥农药的使用量，降低农业面源污染。此外，乡村CEO还需要积极参与乡村地区的生态修复和生态建设，推动乡村地区的可持续发展。

三、教材编写目的与结构

本教材的编写旨在培养一批具备现代管理理念、熟悉乡村实际情况、能够引领乡村全面振兴的乡村CEO人才。通过本教材的学习，学员将全面了解乡村发展的现状、趋势和机遇，掌握乡村CEO的核心职责和必备技能，为未来的乡村发展贡献自己的力量。

教材内容涵盖了乡村发展的理论基础、实践经验、案例分析等多个方面。在理论基础部分，教材将深入阐述乡村振兴战略的背景、意义、目标以及国内外乡村发展的成功经验和实践模式。这将有助于学员全面了解乡村发展的历史脉络和未来趋势，为后续的学习和实践奠定坚实的理论基础。

在实践经验部分，教材将详细介绍乡村CEO在乡村经济、社会、文化、生态等方面的运营管理实践。这包括产业发展规划、社会治理体系建设、文化传承与创新、生态环境保护等方面的内容。通过具体案例的分析和讲解，学员将了解乡村CEO在实际工作中的具体操作方法和经验教训，为未来的实践提供有益的参考和借鉴。

在案例分析部分，教材将选取一些典型的乡村发展案例进行深入剖析。这些案例将涵盖不同地域、不同产业类型的乡村发展实践，包括成功的经验和失败的教训。通过对这些案例的分析和讨论，学员将更深入地理解乡村发展的复杂性和多样性，掌握解决实际问题的能力和方法。

此外，本教材还将注重实践操作能力的培养。通过模拟操作、小组讨论、实地考察等多种形式，学员将有机会将所学知识应用于实际工作中，加深对乡村CEO角色和乡村发展实践的理解和认识。这将有助于提升学员的实战能力和解决问题的能力，为未来的乡村发展实践提供有力的支持。

在学习方法上，建议学员采用理论学习与实践操作相结合的方式。首先，要认真学习教材中的理论知识，掌握乡村发展的基本概念和原理。其次，要结合实际案例进行思考和讨论，加深对乡村发展实践的理解和认识。最后，要积极参与实践操作和实地考察等活动，将所学知识应用于实际工作中，不断提升自己的专业素养和实践能力。通过这种综合式的学习方式，学员将能够更好地掌握乡村CEO的核心职责和必备技能，为未来的乡村发展贡献自己的力量。

编者

2024 年 11 月

目 录

第一章 乡村CEO的职业认知与定位 ... 1
- 第一节 乡村CEO的职业定义与发展历程 ... 1
- 第二节 乡村CEO的核心职责与使命 ... 2
- 第三节 乡村CEO的职业素养与能力要求 ... 6
- 第四节 乡村CEO的成长路径与职业规划 ... 9

第二章 乡村产业规划与发展策略 ... 12
- 第一节 乡村资源评估与特色产业选择 ... 12
- 第二节 乡村产业链构建与产业融合发展 ... 15
- 第三节 乡村旅游与休闲农业的开发 ... 20
- 第四节 乡村产业的数字化转型 ... 25

第三章 乡村社会治理与公共服务 ... 30
- 第一节 乡村社区治理体系构建 ... 30
- 第二节 乡村公共服务体系建设 ... 36
- 第三节 乡村文化传承与创新发展 ... 39
- 第四节 乡村生态环境治理与保护 ... 42

第四章 乡村金融与资本运作 ... 45
- 第一节 乡村金融政策与法规解读 ... 45
- 第二节 乡村融资渠道与策略 ... 47
- 第三节 乡村财务管理与风险控制 ... 49
- 第四节 乡村资产管理与资产证券化 ... 51

第五章　乡村品牌建设与市场营销 ································· 57

第一节　乡村品牌策划与定位 ································· 57
第二节　乡村市场营销策略 ··································· 65
第三节　客户关系管理与忠诚度建设 ····················· 69
第四节　品牌传播与影响力提升 ····························· 73

第六章　乡村人才培育与引进 ···································· 78

第一节　乡村人才需求分析与预测 ························· 78
第二节　乡村人才培训体系构建 ····························· 81
第三节　乡村人才引进政策与激励机制 ················· 85
第四节　乡村人才留用与社区融入 ························· 87

第七章　乡村CEO的领导力与团队管理 ····················· 91

第一节　领导力在乡村治理中的作用 ····················· 91
第二节　团队建设与激励机制 ······························· 94
第三节　冲突解决与决策制定 ······························· 98
第四节　领导力提升与自我反思 ··························· 102

第八章　乡村CEO的创新思维与实践 ························· 105

第一节　创新思维在乡村发展中的应用 ················· 105
第二节　乡村发展模式创新 ··································· 109
第三节　乡村技术创新与推广 ······························· 115
第四节　乡村创新生态构建 ··································· 119

第九章　乡村CEO的可持续发展观 ····························· 121

第一节　可持续发展的理念与原则 ························· 121
第二节　乡村经济可持续发展 ······························· 124
第三节　乡村社会可持续发展 ······························· 126
第四节　乡村生态可持续发展 ······························· 130

政策集锦　强农惠农富农相关政策 ····························· 135

第一章 乡村 CEO 的职业认知与定位

第一节 乡村 CEO 的职业定义与发展历程

一、乡村 CEO 的职业定义

乡村 CEO，又可称为乡村职业经理人，是在我国乡村振兴战略推进过程中涌现出的一类新型人才。他们具备整合市场与政府资源的能力，不仅熟练掌握企业运营与管理的通用技能，还能充分适应乡土社会和乡村基层治理的特殊环境。这类人才能够专业地管理集体资产，展现出职业化、市场化和专业化的特征。乡村 CEO 的工作对象涉及农民专业合作社、乡村企业、民宿景区、智慧农场等新型业态，日常职责包括农业产业规划、企业财务管理及市场营销等方面。

在当前国内新的发展环境下，乡村的经济社会价值日益显现，乡村旅游的迅猛发展和农业产业的增值潜力便是明证。然而，乡村地区专业经营人才的匮乏，使得外部资本利用其在管理和市场对接方面的优势，通过"公司+农户"的模式，攫取了乡村资源带来的市场收益的大部分。如果村民自营的企业或集体合作经济组织能够通过市场机制引进职业经理人，即乡村 CEO，那么就能有效减少外部资本对乡村利益的侵占。乡村有了自己的代表人物，就能确保乡村经济在市场交易过程中获得更公正的待遇。

乡村 CEO 群体主要由以下六类人员构成：村干部、规模种养殖户、回乡创业的青年、返乡大学生、合作社的核心成员以及集体企业的管理者等。这些人才既可以在本地选拔，也可以从外地引进，他们在年龄、学历、社会资源、交际能力、经济实力等一个或多个方面具有发展优势和潜力。他们能够有效地管理集体资产和乡村产业，是具备乡村领导力的多面手。

乡村 CEO 的职位具有流动性和竞争性，他们由各类合作社、新兴产业企业等直接雇用，但需得到村集体的同意，并在当地乡镇或区县的乡村振兴局进行备案，签订相应的协议。聘期根据产业特性、地域差异、农村基层选举等不同因素，设定为三年或五年，并根据考核结果决定是否续聘。

目前，为了进一步促进农村集体经济的发展，实施乡村人才振兴计划，浙江杭州，云南昆明、昭通等地区已经率先在全国范围内公开招聘乡村职业经理人。第一批乡村CEO已经上任，并在实际工作中积累了重要的经验。

二、乡村CEO的发展历程

乡村CEO的发展紧密伴随着我国乡村振兴战略的实施和深化。最初，我国乡村建设主要依赖财政投入，侧重于硬件设施的建设，导致许多村庄出现同质化现象，缺乏持续发展的内生动力。面对这一困境，一些具有商业头脑和乡土情怀的个人开始尝试参与乡村的经营管理，他们利用自己的专业知识和资源，在乡村开展小型商业项目或产业发展尝试，为乡村CEO的诞生埋下了伏笔。2019年，乡村CEO的概念在浙江淳安下姜村首次提出，标志着乡村发展对专业化管理需求的觉醒。

随着国家对乡村振兴战略的大力推进，政策开始重视乡村人才的培养和引进。各级政府出台了一系列支持政策，鼓励有能力、有经验的人投身乡村建设。在这一阶段，乡村CEO的实践案例在浙江等地率先涌现，如杭州余杭区实施的"千名乡村CEO培养计划"，培养了一批具有现代管理理念和农业产业知识的专业人才。他们通过整合资源、发展产业、打造品牌等方式，为乡村带来了显著的经济收益和发展活力。同时，中国农业大学国家乡村振兴研究院与腾讯公司合作发起的"中国农大－腾讯为村乡村CEO培养计划"，标志着乡村CEO的培养进入系统化阶段，为乡村发展提供了人才支持。

至2023年底，乡村CEO的聘培模式已在多个省份推广，展现出其强大的生命力和应用前景。乡村CEO的成功案例引起了社会广泛关注，吸引了更多人才投身其中。他们的工作内容和模式不断丰富和多元化，涉足乡村旅游、文化创意、电商直播等领域，推动乡村经济的全面发展。在这一阶段，乡村CEO之间的交流与合作加强，他们相互学习、分享经验，共同探索乡村发展的新模式和新路径。

展望未来，乡村CEO的专业化程度将不断提高，他们将与乡村振兴战略深度融合，积极推动乡村的数字化转型，利用先进技术为乡村发展注入新动力。

第二节　乡村CEO的核心职责与使命

一、战略规划与引领

描绘发展蓝图是乡村CEO推动乡村全面振兴的关键所在。他们需要基于对乡村资源的深入挖掘和精准分析，包括土地、文化、生态、人力资源等，来制定长远的发展愿景和具体的实施目标。这要求乡村CEO具备敏锐的市场洞察力和战略思维能力，能够预见行业趋势，把握政策导向，从而制定出既符合乡村实际又具有前瞻性的战略规划。在规划过程中，乡村CEO要确保产业发展与环境保护相协调，文化传承与现代化建设相融合，以及社会公平与经济效益相统一，为乡村的可持续发展奠定坚实基础。为了实现这一目标，乡村CEO必须进行以下三个方面的战略规划与引领。

第一，产业升级规划。乡村CEO需要根据市场需求和乡村资源特点，规划产业结构调整和升级的路径。这可能包括推广高效农业技术，发展绿色有机农业，建立农产品品牌，以及推动农业产业链的延伸和增值。他们需要制定具体的行动计划，比如引进新技术、培训农民、建立合作社等，以提升农业的产值和竞争力。

第二，乡村旅游规划。乡村CEO应充分利用乡村的自然风光和文化资源，规划乡村旅游的发展。这包括开发特色旅游项目、打造旅游品牌、提升旅游服务设施等。他们需要通过旅游规划，吸引游客，带动当地经济发展，同时保护和传承乡村文化。

第三，基础设施规划。乡村CEO需制定基础设施改善计划，包括交通、通信、水利、能源等基础设施的建设和升级。这些基础设施是乡村发展的基础，对于吸引投资、改善居民生活条件至关重要。

在战略规划的引领下，乡村CEO的使命进一步体现在推动战略实施和监督执行上。他们需要制定详细的行动方案，明确时间表和路线图，确保各项战略举措有序推进。这包括但不限于优化产业结构，发展特色产业，提升农产品附加值，推动乡村旅游和农旅融合，以及建设和完善基础设施。同时，乡村CEO还需构建有效的管理和运营机制，通过激励机制、人才培养、团队建设等手段，提升组织的执行力和创新力。

二、资源整合与协调

推动乡村发展，单方的力量是非常薄弱的，现在的乡村早已不同于过去的乡村，要想运营好乡村，需要具备综合能力的运营人才，需要乡村CEO整合并协调各方面资源，其关键在于建立政府、高校和企业的合作平台，实现资源共享和优势互补。

首先，在乡村振兴的大背景下，政府支持与资源整合无疑是培养乡村CEO的基石，其在推动乡村全面振兴的过程中发挥着不可替代的作用。地方政府作为政策制定和资源调配的关键主体，通过一系列措施为乡村CEO的培养提供了强有力的保障。一方面，地方政府出台相关政策，为乡村CEO的培养提供方向和保障。这些政策包括但不限于人才引进、教育培训、资金扶持、土地使用等方面，旨在为乡村CEO的成长创造良好的外部环境。同时，政府还投入资金，构建了乡村人才培训基地和乡村人才发展平台，这些平台成为乡村CEO学习新知识、交流心得和实践技能的重要场所。另一方面，这些培训基地和发展平台为乡村CEO提供了广阔的学习交流和实践应用空间。在这里，乡村CEO可以接受系统的管理培训，学习先进的经营理念，交流成功经验，从而促进知识的传递和经验的扩散。这种互动不仅增强了乡村CEO的专业能力，也提升了他们对于乡村振兴的整体认识。此外，地方政府还通过签署合作协议、共建实践基地等方式，实现了资源的共享和优势的互补。这些合作模式打破了部门、行业和区域之间的界限，将政府、企业、高校、研究机构等多方力量汇聚在一起，形成了一个资源共享、互利共赢的合作网络。通过这样的网络，乡村CEO能够更加便捷地获取所需资源，如技术支持、市场信息、政策解读等，从而更好地服务于乡村经济的发展和乡村振兴的实践。乡村CEO通过与政府的紧密联系，借助政府平台整合资源，为乡村的持续发展提供了坚实的支撑。

其次，高校也是乡村CEO不可忽视的资源。近些年，高校、政府部门与企业之间的紧密合作，共同勾勒出乡村CEO人才培养的战略蓝图。这种合作模式，即"政－校－企"三界协同，为乡村CEO的培养提供了全方位的支持和保障，确保了教育资源、政策导向和市场力量能够得到最有效的整合和利用。其中，高校则更多地承担起具体的人才培养工作。依托其丰富的教育资源和学术背景，高校能够设计出符合乡村CEO特点的培养方案，包括课程设置、教学方式、实践环节等。高校还负责组织教学活动，聘请专业教师和行业专家，通过理论教学与实践操作相结合的方式，全面提升乡村CEO的理论素养和实际操作能力。乡村CEO可以充分利用高校资源，提升自己的理论知识，还可以通过高校聘请各领域专家，获得所需专业指导，为其专业技能保驾护航。

最后，乡村CEO吸引企业的支持和合作是助力乡村产业发展的关键。第一，企业作为市场的直接参与者，能够准确把握市场动态和需求变化，这些信息对于乡村CEO来说至关重要。企业通过分享市场数据、趋势分析、消费者需求等信息，帮助乡村CEO更好地理解市场，为其决策提供依据。第二，乡村CEO可以通过在企业实习、参与项目运作、担任管理岗位等方式，将理论知识应用到实际工作中。这种实践经验不仅能够提升乡村CEO的职业技能，还能增强其解决实际问题的能力。第三，企业举办的各类商务活动、行业交流会议等，为乡村CEO提供了与行业专家、潜在合作伙伴和客户建立联系的机会。这些人际网络对于乡村CEO未来的职业发展具有重要意义。第四，乡村CEO可以通过具体项目与企业洽谈合作，获取资金与技术方面支持，例如企业与当地合作社或村集体合作，利用平台化运营方式整合资源，推动乡村经济发展，实现规模化、产业化经营，提高农业生产效率和农产品质量，或直接投资乡村产业，如农业、乡村旅游等，通过引入资金、技术和管理经验，提升乡村资源的价值，打造特色旅游产品,助力乡村发展,实现经济与社会价值共赢。

三、产业培育与创新

乡村CEO通过引入先进技术和管理模式,进行产业培育与创新,推动乡村经济高质量发展。他们凭借深厚的专业知识和丰富的行业经验,成功地将传统的农业生产方式转型升级为一种以数据为核心、标准化为特征的现代生产模式。在这一过程中,乡村CEO运用先进的数据分析技术,对播种、施肥、灌溉、收割等农业生产环节进行精细化管理,每一个步骤都经过严谨的数据分析,以确保生产效率的最大化。同时,通过实施标准化的操作流程和质量控制体系,确保农产品的一致性和高品质,满足市场和消费者对食品安全与营养价值的更高要求。这种以数据驱动的标准化生产模式,不仅优化了资源配置,还推动了农业产业的现代化进程,为乡村经济的持续增长奠定了坚实基础。

同时,乡村CEO应注重产业融合之道,致力于将分散在乡村的各类资源进行有效整合,打破传统的小农经济模式,推动乡村经济的联合发展。通过优化资源配置,推动农业生产的规模化,实现规模效应,不仅提升了生产效率,还大幅度提高了产品输出。在此基础上,乡村CEO应着重于打造具有地方特色的农产品和品牌,通过深挖地方文化内涵和生态优势,赋予农产品独特的地域标签和文化价值。这种策略不仅增强了农产品的市场辨识度,还显著提升了乡村产业的市场竞争力。为了进一步拓宽市场,乡村CEO还应通过品牌建设和营销推广,不断拓宽销售渠道,利用现代营销手段,结合线上线下渠道,使乡村产品能够走出大山,走向城市,乃至国际市场。这不仅能为农民带来直接的经济收入,也为乡村振兴注入了新的活力。通过参加农产品交易会、建立电商平台、打造旅游+农业体验项目等多种方式,乡村CEO可使乡村产品在更广阔的市场上获得认可,从而增强乡村经济的自我循环能力。

四、社会治理与公共服务

在乡村经济发展的同时,同步强化社会治理和公共服务的效能是确保三者之间形成良性互动,共同促进乡村全面振兴的关键。随着社会经济的快速发展和人口结构的变化,休闲养老和研学教育类项目在未来乡村发展中展现出巨大的潜力。为了紧紧把握这一发展趋势,乡村CEO需要不断提升与政府、高校及各类社会服务机构的协作能力,以此深度挖掘和充分利用乡村的文化资源,全面提升乡村服务的整体水平。

这意味着乡村CEO必须深入理解国家的政策导向,建立有效的政企合作模式,与高校携手推动产学研一体化,同时整合医疗、教育和文化等资源,构建起一张覆盖面广、服务能力强的综合性服务网络。通过文化品牌的塑造,乡村CEO可以提升乡村的社会治理效能和公共服务质量，为乡村居民提供更加丰富、便捷的服务体验。

在推动社会治理与公共服务创新的过程中，乡村CEO发挥着至关重要的作用。他们通过制定标准化的服务流程，确保服务的专业性和一致性；通过定期对员工进行专业培训，提升服务团队的整体素质；通过积极收集客户反馈，不断优化服务内容，确保休闲养老和研学教育项目的可持续发展。这些措施不仅显著提升了乡村居民的生活质量，也为乡村社会治理注入了新的活力。

乡村CEO还致力于构建一个多方参与、共建共治共享的社会治理格局。他们通过与政府部门的沟通协作，确保政策落地生根，惠及每一位村民；通过与高校和科研机构的合作，将最新的科研成果转化为改善乡村生活的实际措施；通过与社会服务机构的联合，为乡村提供更加专业化、多样化的服务。通过这些紧密的合作与资源整合，乡村CEO可以引领乡村社会朝着更加和谐、有序的方向发展，实现社会治理与公共服务的有机统一，为乡村振兴战略的实施提供了坚实支撑。

在这个过程中，乡村CEO还扮演着桥梁和纽带的角色，他们不仅推动了乡村经济的发展，还促进了社会治理和公共服务的创新，使得乡村成为既有经济发展活力，又有良好社会秩序的宜居之地。通过他们的不懈努力，乡村的明天将更加美好，乡村振兴的梦想将逐步变为现实。

第三节　乡村CEO的职业素养与能力要求

一、专业知识与技能

在现代农业生产技术的领域，乡村CEO必须具备一系列先进的技能和知识，以引领农业的现代化进程。首先，精准农业技术的应用，例如利用全球定位系统（GPS）和地理信息系统（GIS）进行土壤和作物监测，不仅实现了资源的精准利用，还大幅提升了作物的产量和品质。其次，自动化和机械化技术的融合，如无人驾驶拖拉机和自动化收割机，极大地提高了农业生产效率，减轻了农民的劳动强度，同时也为规模化生产创造了条件。再次，在生物技术方面，转基因和分子育种等技术的运用，帮助培育出更加抗逆、高产的作物品种，为粮食安全和农业可持续发展提供了重要保障。最后，绿色环保的生产技术，如有机种植和循环农业，正在成为推动农业生态平衡和环境保护的重要力量。乡村CEO在这一过程中扮演着引领者和实践者的角色。

在产业运营管理层面，乡村CEO的角色同样至关重要。首先，他们需要具备敏锐的市场洞察力，能够通过对市场趋势的深入分析，制定出切实可行的销售策略，确保农产品能够以最佳的方式进入市场。其次，乡村CEO需要提升供应链管理能力，确保从原材料采购到最终产品交付的整个流程高效、透明，这不仅降低了成本，还提升了客户满意度。再次，在品牌建设和营销方面，乡村CEO应当有能力塑造独特的品牌形象，通过多渠道营销策略，提高产品的市场认知度和消费者的忠诚度。接着，财务管理技能对于企业的健康运营至关重要，乡村CEO需精通预算编制、成本控制和财务分析，以确保企业在不断变化的市场环境中保持财务稳健。同时，面对市场波动、政策变化等外部风险，乡村CEO必须具备前瞻性的风险控制能力，制定有效的应对措施。最后，人力资源与团队建设也是不可忽视的一环，乡村CEO需通过有效的招聘、培训和激励机制，构建一支既有专业技能又能共同协作的团队，为企业的长远发展提供坚实的人力支持。

综上，乡村CEO在现代农业生产技术和产业运营管理方面扮演着双重角色。他们既是先进技术的推广者和应用者，又是企业运营管理的策划者和执行者。在这个过程中，他们需要不断学习和实践，将最新的农业生产技术和管理理念融入日常工作中，以推动农业产业的转型升级。通过提升农业生产的科技含量和运营效率，乡村CEO不仅能够帮助农民增收，还能促进乡村经济的多元化发展，实现乡村振兴的战略目标。在未来的乡村经济发展中，这样的乡村CEO将成为连接传统与现代、乡村与城市的桥梁，为构建更加繁荣、和谐的乡村社会贡献自己的智慧和力量。

二、领导力与决策力

乡村CEO作为乡村运营的管理者，是推动乡村经济发展的重要力量。他们不仅需要具备全面的管理和领导能力，能够有效地组织和协调各方资源和力量，确保乡村发展的各项任务和目标得以顺利实现，为乡村创造更多的经济价值和社会价值。同时，他们还需要具备敏锐的市场洞察力和创新思维，能够紧跟时代步伐，引领乡村走向现代化的生产实践，推动乡村产业的转型升级。

具体而言，乡村CEO的领导力和决策力体现在多个方面。例如具备制定和执行乡村产业发展战略的能力，能够深入分析乡村的资源禀赋、产业基础和市场需求，制定出符合乡村实际、具有前瞻性的产业发展规划，并推动其实施。同时，还需注重推动乡村产业升级和结构调整，通过引入新技术、新业态和新模式，提升乡村产业的竞争力和可持续发展能力。此外，乡村CEO还应关注现代管理理念和方法，提升乡村治理效能，构建和谐稳定的乡村社会。注重制度建设、人才培养和组织创新，推动乡村治理体系和治理能力现代化，为乡村发展提供有力保障。面对乡村发展中的各种困难和挑战，乡村CEO更应展现出坚定的决心和勇气，不畏惧、不退缩，敢于迎难而上，敢于突破创新。善于发现问题、分析问题和解决问题，能够带领乡村团队克服各种艰难险阻，推动乡村经济社会的持续健康发展。

三、创新思维与学习能力

乡村CEO作为乡村振兴的领军人物，肩负着推动乡村经济社会发展的重任。在这个角色中，创新思维显得尤为关键，它要求乡村CEO具备超越现状的视野，能够洞察市场先机，构思并实施一系列创新项目。例如，他们可能会探索将物联网技术应用于传统农业，以提高作物产量和农业管理水平；或者开发乡村旅游项目，将乡村的自然风光和文化特色转化为经济价值。此外，学习能力同样不可或缺，乡村CEO必须不断吸收新的管理理念、市场信息和专业技术，通过参加培训、阅读专业书籍、学习网络课程等多种方式，提升自己的知识储备和专业素养。在实践中，他们要将理论知识与乡村的具体情况相结合，形成适合本地发展的策略和操作模式，从而带领乡村走出一条可持续发展的道路。

在具体的运营管理中，乡村CEO的创新思维和学习能力相互促进，共同推动乡村的现代化进程。他们通过学习，掌握了先进的营销理念，能够运用互联网平台拓宽农产品销售渠道，打破地域限制，提高农民的收入。同时，创新思维让他们在乡村治理上大胆尝试，比如引入社区参与机制，激发村民的主体意识，共同参与到乡村建设中来。乡村CEO还能推动乡村产业的转型升级，比如通过发展绿色农业、生态旅游、文化创意产业等，为乡村经济发展注入新的活力。这些举措不仅提升了乡村的内在价值，也为村民带来了实实在在的收益，实现了乡村振兴战略中的经济、社会和生态效益的统一。

四、社会责任感与乡土情怀

乡村CEO，蕴含的是对那些"热爱农业、精通技术、擅长经营"的专业人才的期待与认可，乡村CEO不仅仅是乡村产业的策划者和运营者，更是乡村振兴的推动者和引领者。在这一角色定位下，乡村CEO需要具备强烈的社会责任感和乡土情怀。

社会责任感是乡村CEO不可或缺的品质。乡村CEO应深知，自己肩负的不仅是企业的经营管理责任，更是乡村的发展重任。乡村的繁荣与衰落，直接关系到农民的生计和福祉，也影响着整个社会的稳定与进步。因此，乡村CEO应将发展乡村视为己任，积极引入人才、资本、技术等资源，为乡村注入新的活力，推动乡村产业的多元化发展。同时关注农民的收入增长，致力于提高农业生产的效益和附加值，让农民在乡村振兴中获得更多的实惠。此外，还要注重乡村环境的保护和改善，推动绿色农业和可持续发展，让乡村成为宜居宜业的美丽家园。

除了社会责任感，乡村CEO还需具备深厚的乡土情怀。这份情怀源自对乡村的记忆和热爱，也源自对乡村未来的憧憬和期待。对于乡村CEO来说，乡村不仅是自己的根和魂，也是国家和社会的重要组成部分。因此，要将城市的动能带到乡村，将先进的理念和技术引入乡村，为乡村的振兴贡献自己的力量。要与村民共谋发展，共同探索适合乡村的发展路径和模式，此外，要尊重村民的意愿和选择，鼓励村民积极参与乡村振兴的实践，让村民成为乡村振兴的主体和受益者。

在实践中，乡村 CEO 与村民、村庄共同成长的历程展现了智慧和汗水，为乡村的繁荣和进步贡献了力量。这些努力赢得了村民的认可和赞誉，为乡村振兴事业树立了榜样和标杆。乡村 CEO 的实践表明，具备社会责任感和乡土情怀的人才，才能真正成为乡村振兴的领军人物和核心力量。乡村 CEO 的行动生动诠释了"爱农业、懂技术、善经营"的内涵，并展示了乡村振兴的美好前景和希望。期待更多乡村 CEO 的出现，为乡村的繁荣和进步贡献力量，共同书写乡村振兴的壮丽篇章。

第四节　乡村 CEO 的成长路径与职业规划

一、成长路径分析

乡村 CEO 的成长路径可以从以下两个方面进行阐述：自身能力提升和社会价值实现。

一是在自我能力提升的旅程中，乡村 CEO 经历了一个从无到有、由浅入深的成长过程。从最基本的知识学习开始，不断深化对农业科学、市场营销、企业管理等领域的理解。通过参与农业生产的各个环节，锻炼了自己的专业技能，比如熟练掌握农业技术和数据分析能力。随着实践经验的积累，乡村 CEO 逐步提高了自己的管理能力，学会了如何有效地组织协调、制定战略决策以及领导团队朝着共同目标前进。此外，乡村 CEO 还注重创新能力的培养，不断探索新的商业模式，推动传统农业向现代农业转型，为乡村产业注入新的活力。为了进一步提升自己，乡村 CEO 可以积极参加学习交流和各类研讨会，与行业内的专家和同行切磋，拓宽视野，提升自身的综合素质。这一系列的学习和锻炼，使乡村 CEO 在个人能力上不断突破，为他们在乡村振兴中扮演更重要角色奠定了坚实的基础。

二是在社会价值实现的过程中，乡村 CEO 展现了强烈的社会责任感和使命感。乡村 CEO 致力于带动村民增收，通过发展特色产业，帮助村民提高收入水平，改善生活条件。在其推动下，乡村基础设施显著改善，道路硬化、网络覆盖、卫生设施等一应俱全，极大地提升了村民的生活品质。乡村 CEO 关注乡村文化的传承与发展，积极挖掘和弘扬乡土文化，增强村民的文化自信和民族自豪感。在社会公益事业上，做到身体力行，关爱弱势群体，推动乡村社会的和谐发展。更为重要的是，乡村 CEO 还承担起培养乡村人才的重任，通过自身的榜样作用，培养一批有理想、有技能、有担当的乡村青年，为乡村振兴提供了强有力的人才支持。促进乡村与周边地区的产业协作，实现资源共享，推动区域经济的协调发展。这些努力不仅实现了个人的社会价值，更为乡村振兴战略的实施贡献了巨大的力量，共同书写了乡村繁荣进步的新篇章。

二、职业规划建议

乡村CEO作为多面手型人才，应当遵循"全方位培育，差异化发展"的原则，一方面全方位提升其知识、技能、能力和态度，另一方面应当根据各自的发展路径，有针对性规划以下三种类型的乡村CEO人才。

（1）专业技能型乡村CEO。专业技能型乡村CEO是乡村振兴的中坚力量，专注于乡村的种植业、养殖业、林果业以及农产品加工业等领域，是推动乡村产业发展的关键人物。针对这一类型的乡村CEO，应当着重于提升其专业技能，使其成为行业内的专家，能够为村民提供专业的技术指导，带领乡村走向繁荣。

首先，专业技能型乡村CEO需要系统学习现代农业科技知识，包括作物种植、畜禽养殖、林果栽培、农产品加工等方面的最新技术和方法。他们应当掌握土壤改良、品种选育、病虫害防治、科学施肥、节水灌溉等基本技能，并能够运用现代信息技术，如物联网、大数据分析等，提高农业生产的智能化和精准化水平。

其次，专业技能型乡村CEO应当具备良好的实践操作能力。这要求他们在实际工作中不断积累经验，通过参与田间试验、技术示范、生产管理等活动，提高解决实际问题的能力。他们还应当能够操作和维护现代农业机械设备，提高农业劳动生产率。

再次，专业技能型乡村CEO还需要培养创新意识和市场洞察力。应当能够根据市场需求，引导村民调整种植结构和养殖模式，发展特色农产品，提升产品附加值。同时，还应当具备农产品品牌建设和市场营销的能力，帮助乡村产品打开市场，提高竞争力。

最后，在带领村民致富的过程中，专业技能型乡村CEO还应当发挥示范带头作用，通过建立合作社、家庭农场等新型农业经营主体，推广现代农业管理模式，提高农业的组织化、规模化水平。他们还应当关注农民培训，通过举办培训班、现场指导等方式，提高农民的专业技能和综合素质。

（2）经营管理型乡村CEO。在未来的职业生涯中，经营管理型乡村CEO将主要负责乡村旅游和农旅融合产业的发展。为了更好地适应这一角色，他们需要重点培养自己在市场资源对接、销售渠道开拓、团队管理和产业运营等方面的能力。应当首先通过系统的学习和实践，掌握市场分析、品牌建设、营销策划等关键技能。此外，应积极参与行业交流，建立广泛的合作关系网络，以便更好地对接外部市场资源。

在具体的建议上，经营管理型乡村CEO应当致力于以下几个方面的提升：一是加强销售渠道的多元化，利用互联网平台和社交媒体等新媒体工具，扩大乡村旅游的市场影响力；二是优化团队结构，通过科学的招聘、培训和管理，打造一支高效专业的运营团队；三是提升产业运营水平，通过引入先进的运营理念和管理技术，提高乡村旅游的服务质量和游客体验；四是关注产业融合，推动农业与旅游、文化、教育等领域的深度融合，创新乡村旅游产品，增强市场竞争力。借助这些职业发展路径和策略指导，经营管理型乡村CEO将能够有效推动乡村旅游和农旅融合产业的发展，为乡村振兴注入新的活力。

（3）社会服务型乡村CEO。社会服务型乡村CEO的未来职业发展，将集中在休闲养老和研学教育项目的经营上。为了提升服务水平和项目质量，他们需要重点培养与政府、高校及社会服务机构的对接能力，挖掘乡村的文化资源，并不断提升服务水准。一方面需要通过参加政策解读研讨会和政府沟通会，来了解最新的政策动向，确保项目与政府规划同步。另一方面，应主动与高校合作，共同开发研学课程，同时与养老服务机构建立联系，引入专业的养老服务模式。

在具体操作上，建议社会服务型乡村CEO采取以下五个措施：一是定期组织乡村文化研讨会，邀请专家学者挖掘和整理乡村的文化遗产，将这些资源融入休闲养老和研学教育项目中；二是实施员工培训计划，提升服务人员的专业素养，确保服务质量；三是建立一套完善的服务评价体系，通过客户的反馈来不断优化服务流程和内容；四是在项目策划阶段，就充分考虑乡村的自然环境和人文特色，设计出既环保又能吸引游客的养老和研学产品；五是积极参与社区建设，比如组织老年人活动、支持乡村教育，以此提升企业的社会形象，同时也为乡村的和谐发展贡献力量。通过这些有效的措施，社会服务型乡村CEO将能够推动项目的成功运营，为乡村带来实质性的改变和持续的发展动力。

第二章　乡村产业规划与发展策略

产业振兴是乡村振兴战略的重要组成部分，乡村产业规划是推动乡村振兴的重要抓手。在新时代背景下，深入贯彻落实乡村振兴战略，科学合理地规划乡村产业，制定切实可行的发展策略，对于推动农村经济转型升级、提高农民收入、促进乡村全面振兴具有重要意义。

第一节　乡村资源评估与特色产业选择

乡村资源是乡村经济和社会发展的基础，而特色产业则是乡村经济持续增长和农民收入提高的重要引擎。合理评估乡村资源，科学选择特色产业，实现区域资源的有效利用，对于推动乡村振兴战略深入实施，促进乡村经济转型升级具有重要意义。

一、乡村资源的定义与分类

乡村资源是指乡村地区所具备的自然资源、文化资源、社会资源和经济资源的总称。这些资源是乡村经济和社会发展的物质基础，也是乡村特色产业选择和发展的前提条件。

自然资源：包括土地、水、气候、矿产、森林、草原、野生动植物等。
文化资源：包括历史遗迹、民俗文化、传统手工艺等。
社会资源：包括劳动力、人口结构、教育水平、医疗卫生等。
经济资源：包括资金、技术、市场、基础设施等。

二、自然资源与人文资源的识别

自然资源与人文资源的识别是资源评估的重要步骤，对于乡村产业规划与发展策略的制定具有关键作用。

（一）自然资源的识别

自然资源是乡村地区最基础、最重要的资源之一。识别自然资源时，要调查和梳理清楚资源的相关属性，一是要明确乡村地区自然资源的类型，如土地资源、水资源、矿产资源、森林资源等，不同类型的自然资源具有不同的潜力和开发利用方式；二是要对各类自然资源的数量进行精准评估，包括资源的总量、可开发利用量等，这有助于确定资源的开发利用潜力和价值；三是要对自然资源的质量进行评价，如土地的肥沃程度、水资源的清洁程度、矿产资源的品位等，这是确定资源开发利用方式的重要依据；四是要明确资源的空间分布情况，包括资源的地理位置、分布范围、集中程度等，这有助于合理规划资源的开发利用，避免资源的浪费和破坏。

（二）人文资源的识别

人文资源是指与人类活动有关的各种资源，包括历史文化遗迹、传统民俗、艺术表演、手工艺品等。识别乡村人文资源，主要包括识别乡村地区保存下来的具有独特的历史价值和文化意义的历史建筑、遗址、古墓等历史文化遗迹；识别乡村地区具有特色的传统节日、民间艺术、传统手工艺等民俗活动和文化传统；识别乡村地区的戏剧、音乐、舞蹈等艺术形式，这些表演活动能够展示乡村地区的文化特色和风土人情；收集乡村地区具有独特的地方特色和工艺价值的传统工艺品，如纺织品、刺绣、编织品等。

（三）识别原则

（1）科学性原则。即识别过程应基于科学的方法和标准，确保结果的准确性和可靠性。

（2）全面性原则。即识别过程应覆盖乡村地区的所有资源类型，避免遗漏重要的资源。

（3）可持续性原则。即在识别资源时，应考虑资源的可持续利用性，避免过度开发和破坏。

（4）社区参与性原则。即鼓励村民参与资源识别的过程，通过村民的参与，既可以使他们了解自己的家园，也可以更准确地识别出资源，同时增强社区的归属感和凝聚力。

综上所述，自然资源与人文资源的识别是乡村产业规划与发展策略制定的重要基础。要通过科学的识别方法，在相应的原则下，全面了解乡村地区的资源类型、数量、质量和空间分布，为资源的合理开发和利用提供科学依据。

三、市场需求分析与产业定位

在乡村产业的发展过程中，市场需求分析与产业定位是相互依存、相互促进的关系。市场需求分析为产业定位提供科学依据和市场需求导向；而产业定位则要根据市场需求分析结果，确定乡村产业的发展方向和重点。二者共同构成了乡村产业发展规划的重要组成部分，为乡村产业的可持续发展提供有力支撑。

（一）乡村产业的市场需求分析

市场需求分析对乡村产业发展具有重要的实践意义，是乡村产业发展规划中的关键环节。通过市场需求分析，可以确定乡村产业的发展方向和重点，避免盲目跟风或重复建设，可以制定有效的市场竞争策略，合理配置资金、人力、物力等乡村产业资源，提高资源的利用效率，提高市场占有率和竞争力。市场需求分析内容主要包括以下三个方面。

首先，是消费者需求分析。通过调查和分析，了解消费者对乡村产业产品或服务的需求情况，包括需求种类、数量、质量、价格等方面的需求，有助于构建乡村产业的服务方向、产品定位、生产规模和销售渠道等。

其次，是市场竞争分析。分析乡村产业在市场上的竞争地位，包括市场份额、竞争对手、竞争策略等，有助于确定乡村产业的竞争优势和劣势，然后制定有效的市场竞争策略，提高乡村产业的竞争力。

最后，是市场趋势分析。预测未来一段时间内市场需求的变化趋势，包括需求增长、需求结构变化等，让乡村产业发展能提前调整生产计划和产品结构，以适应市场需求的变化，减少市场变化带来的冲击力，避免尾大不掉的情况发生。

市场需求分析可以采用多种方法。第一种方法是通过设计问卷，向消费者或相关利益者收集信息，了解他们对乡村产业产品或服务的需求和期望；第二种方法是通过面对面的访谈调查，深入了解消费者的需求和期望，以及他们对乡村产业的看法和建议，为乡村产业提供更加细致的市场信息。此外，还可以利用各种渠道已做出的一些销售、消费者行为等市场数据，通过科学的方法进行分析和预测，为乡村产业提供更加科学的决策依据。

（二）乡村产业的发展定位

产业定位是乡村产业发展规划的核心环节，它决定了乡村产业在市场竞争中的位置和发展方向。合理的产业定位有助于乡村产业发挥自身优势，实现产业的可持续发展。

1. 产业定位的内涵

产业定位是指根据资源禀赋、市场需求、区域特点等要素，确定乡村产业的发展方向和重点。主要涉及以下几个方面。

（1）资源禀赋优势。资源禀赋是乡村产业发展的基础，不同区域乡村的资源条件不同，资源优势不同。为了能在产业发展中胜出，就需要充分识别、挖掘和利用资源优势，从而更好地实现产业的快速发展。

（2）市场需求导向。根据市场需求和变化趋势，确定乡村产业的发展方向和产品定位。市场需求是产业发展的根本动力，只有满足市场需求，产业才能实现可持续发展。

（3）结合区域特点。区域特点是乡村产业发展的独特优势，要根据乡村地区的地理位置、气候条件、丰富的物产、文化传统等因素，确定产业发展的特色和亮点，才能形成差异化竞争优势。

2. 产业定位的方法

产业定位可以采用多种方法，包括 SWOT 分析、PEST 分析、五力模型等。

（1）SWOT 分析。通过评估乡村产业的内部优势（Strengths）、劣势（Weaknesses），以及面临的外部机会（Opportunities）和威胁（Threats），确定产业的发展方向和策略。SWOT 分析有助于乡村产业全面认识自身条件和市场环境，为产业定位提供科学依据。

（2）PEST 分析。通过分析政治（Political）、经济（Economic）、社会（Sociocultural）和技术（Technological）四个方面的环境因素，确定乡村产业的发展机遇和挑战。PEST 分析有助于乡村产业把握宏观环境的变化趋势，为产业定位提供战略指导。

（3）五力模型。通过分析同行业内现有竞争者的竞争能力、潜在竞争者进入的能力、替代品的替代能力、供应商的讨价还价能力及购买者的讨价还价能力这五种力量，确定乡村产业在市场竞争中的位置和策略。五力模型有助于乡村产业深入了解市场竞争态势，为产业定位提供竞争策略。

综上所述，乡村产业发展的市场需求分析与产业定位是乡村产业规划的重要环节。深入的市场需求分析和科学的产业定位，可以明确乡村产业的发展方向和重点，发挥比较优势，提高市场竞争力，同时避免盲目发展、重复建设和资源浪费。有助于乡村产业实现经济效益、社会效益和生态效益的协调发展，推动乡村地区的可持续发展。

第二节　乡村产业链构建与产业融合发展

乡村产业链的构建与产业融合发展是推动乡村振兴战略深入实施的一个重要的过程，这一过程旨在通过加深各产业的深度联系，优化资源配置、促进产业升级和拓展产业功能，实现乡村经济的系统化、多元化、综合化增长。

产业链是指各个产业部门之间基于一定的技术经济联系和时空布局关系而客观形成的链条式关联形态。在乡村经济发展中，产业链的构建需要充分整合区域内的自然资源、人力资源、技术资源等，形成优势互补、协同发展的产业格局；要根据乡村地区的资源禀赋、市场需求和产业发展趋势，选择具有竞争力的主导产业作为产业链的核心；还要通过完善上下游产业配套，形成完整的产业链条，提高产业链的整体竞争力和抗风险能力。因此，产业链的构建对于提高资源利用效率、促进产业升级和增强市场竞争力具有重要意义。

产业融合是指不同产业或产业链环节通过技术渗透、资源整合与功能互补，形成新型产业形态和经济模式的过程。在乡村发展中，主要表现为农业与加工制造、文化旅游、电子商务等产业的交叉融合。产业融合对乡村产业发展的核心作用体现在三方面：一是延长价值链，通过农产品深加工、品牌化提升附加值，如发展果酒酿造、预制菜产业；二是创造新业态，如"农业+旅游"催生田园综合体、研学基地等，拓展增收渠道；三是优化要素配置，数字技术赋能农业生产、物流和销售，促进传统农业向智慧农业转型。这种融合打破了城乡要素单向流动格局，能有效激活土地、劳动力等资源，推动乡村产业结构升级，增强经济韧性。数据显示，2023年我国农村三产融合带动就业超3000万人，乡村旅游综合收入达1.2万亿元，印证了产业融合的实践效能。

乡村产业链构建与产业融合发展是相互依存、相互促进的。产业链的构建为产业融合发展提供了基础条件和支撑平台；而产业融合发展则进一步推动了产业链的优化升级和拓展延伸。二者共同构成了乡村经济发展的重要动力源泉。未来，应继续加强政府引导和支持，推动产业链与产业融合的深度发展，为乡村经济的繁荣和发展注入新的活力。

一、一二三产业融合模式探索

一二三产业融合模式探索，是指在现代经济社会发展中，农业（第一产业）、工业（第二产业）与服务业（第三产业）之间，通过技术、市场、资源等方面的深度融合，形成新的产业形态和发展模式，以提升农业的生产效率和附加值，促进农业现代化，带动相关产业的发展以及经济结构的优化升级，为农村地区的经济增长和农民增收提供新的动力。

（一）农业与工业的融合

农业与工业的融合，即农业工业化，是指通过工业化的手段和技术，对农业生产进行改造和升级，提升农业的生产效率和产品质量。主要的途径首先是产业链的延伸，即以农业为中心，向产前和产后延伸链条，将种子、农药、肥料供应以及农产品加工、销售等环节与农业生产紧密连接起来。这种延伸不仅能够保证农产品的稳定供应，还能通过加工和销售环节的增加，提升农产品的附加值。其次是通过工业技术的渗透，推广和应用新技术，如机械化、自动化、智能化等，提高农业生产的效率和质量。还有可通过工业化的生产方式，对农产品进行深加工和精加工，开发出更多具有市场竞争力的产品。例如，农业企业可以与工业企业合作，共同开发新产品、新技术，如将水果、蔬菜等农产品加工成果汁、果酱、蔬菜干等食品，通过发展农产品加工，将农业原料转化为高附加值的产品，提高农产品的附加值和市场竞争力。

（二）农业与服务业的融合

农业与第三产业的融合，即农业服务业化，是指通过发展农业相关的服务业，提升农业的综合效益和附加值。例如，利用农业资源和景观，开发农业旅游项目（农家乐、农业观光园、农业体验园等），不仅能够吸引游客前来观光旅游，还能带动当地餐饮、住宿等相关产业的发展；利用互联网和电子商务技术，通过电商平台，农民可以更加便捷地了解市场需求和价格信息，将农产品销售到更广阔的市场，提高农产品的销售效率和附加值；挖掘和传承农业文化，通过举办农业文化节、农产品展销会等活动，展示农业文化的魅力和农产品的品质，提升农产品的知名度和美誉度，打造具有地方特色的农业文化品牌。通过发展乡村旅游、休闲农业等服务业，将农业与服务业相结合，形成新的产业形态。

（三）一二三产业融合模式的开拓

随着全球化和信息化的深入发展，产业之间的界限日益模糊，跨界融合成为新的发展趋势。一二三产业融合模式的出现，是产业结构升级和转型的必然结果，也是实现经济高质量发展的关键路径。通过融合，可以优化资源配置，提高生产效率，拓展市场空间，增强产业竞争力，为经济社会发展注入新的活力。农业、工业与第三产业的融合联动，是一个实践性很强的过程，需要不断地向纵向和横向延伸，实现三个产业的从生产到服务的全产业链融合联动。从技术、资源、市场等不同层面，实现多种方式的融合。

1. **纵向产业融合模式**

（1）垂直一体化模式。以大型企业或合作社为主体，将农产品的生产、加工、销售等环节整合在一起，形成完整的产业链。这种模式能够实现资源的优化配置和高效利用，提高农产品的附加值和市场竞争力。

（2）分工合作模式。通过订单生产、统购统销、股份合作等利益联结手段，将农业、工业和服务业紧密连接在一起。这种模式能够发挥各方的优势，实现资源共享和互利共赢。

2. **横向产业融合模式**

产业拓宽模式。通过开发、拓展和提升，使农业具备生态休闲、旅游观光、文化传承、科技教育等多种功能，进而与文化、旅游、教育等产业交叉融合。这种模式能够丰富农业的内涵和外延，提升农业的综合效益和附加值。

3. **产业集聚模式**

产业集聚模式。在农村特定区域集聚一二三产业及相关产业组织，形成集群化、网络化的发展格局。这种模式能够发挥集群效应和规模效应，提高产业的竞争力和附加值。

综上所述，将农业与工业、服务业进行融合是推动农业现代化、促进产业升级和经济发展的重要途径。通过产业链延伸、技术渗透、产业协同发展等方式，不断开拓产业融合模式，可以实现农业与工业、服务业的乡村产业链的构建和产业深度融合发展。同时，政府应采取加强政策支持、完善基础设施、推动技术创新、加强人才培养和品牌建设等措施，为农业与工业、服务业的融合提供良好的环境和条件。

二、乡村产业链延伸与价值提升

农业产业链的延伸与价值提升是当前农业发展的重要方向，是实现农业现代化、提高农民收入和促进乡村振兴的重要途径。以下将详细探讨农业产业链的延伸和价值提升的重要性和具体过程。

（一）农业产业链的定义与重要性

农业产业链是指以农业农村资源为依托，以农民为主体，将农业研发、生产、加工、储运、销售、品牌、体验、消费、服务等各个环节、各个主体链接成紧密关联、有效衔接、耦合配套、协同发展的有机整体。农业产业链围绕区域农业主导产业，推动农业从抓生产向抓链条、从抓产品向抓产业、从抓环节向抓体系转变。

农业全产业链的发展是乡村产业高质量发展的产物，是构建现代乡村产业体系的前提，能为全面推进乡村振兴和农业农村现代化提供有力支撑。其重要性主要体现在以下四个方面。

（1）发挥农业食品保障功能。延长产业链，提升价值链，打造供应链，让消费者吃饱、吃好、吃安全、吃健康、吃愉悦。

（2）发挥农业生态涵养功能。践行"绿水青山就是金山银山"理念，开发绿色生态高附加值的产品，遵循高效利用的循环经济。

（3）发挥农业休闲体验功能。催生"农业+"乡村新产业新业态，跨界融入现代要素和时尚元素，拓宽跨界就业、跨界增收机会。

（4）发挥农业文化传承功能。让文化之美为链条铸魂，以文化之力为链条赋能，传承民族文化，推进产业创新。

（二）农业产业链的延伸方法

农业产业链的延伸是指通过技术创新和管理创新，将原有的农业生产环节进行拓展，形成覆盖更广泛、价值更高的产业链条。延伸的主要方法包括以下方面。

1. 产前环节的延伸

（1）良种繁育。通过科研育种，提高种子的产量和质量，增加农业的前段附加价值，如永州聚焦粤港澳大湾区及海外市场多元需求，实施蔬菜良种工程，打通种子研发上下游的"任督二脉"，主要蔬菜品种良种覆盖率超95%。

（2）优化农资供应链。整合肥料、农药、农机等农资企业，形成集中采购平台，推广智能配肥、精准施药技术，降低农户成本。

（3）农业基础设施与服务。建设高标准农田、智能温室等设施，引入农业保险、金融贷款等配套服务，还可提供土壤检测、种植规划等咨询服务，增加农业相关业务。

2. 产中环节的延伸

（1）应用智慧农业。应用物联网、无人机、卫星遥感等技术实现精准灌溉、病虫害监测。推广"田间管理托管"模式，由专业团队提供技术指导。

（2）循环农业。种养结合，如"稻渔共生"模式废弃物资源化利用，如使用秸秆加工成饲料或有机肥的循环生产，提升农业生态效益。

3. 产后环节的延伸

（1）农产品深加工。将农产品进行精深加工，提高附加值，如湖南永州培育壮大13家香芋加工企业，产品广泛用于烘焙、饮品、糕点等行业，年完成加工总产值10亿元。

（2）品牌营销。通过品牌建设、网络营销等手段，提高农产品的知名度和美誉度，如湖南永州通过线上线下营销，成功将蔬菜产品销往马来西亚、泰国等32个国家和地区。

（三）农业产业链的价值提升

农业产业链的价值提升是指通过产业链的延伸和各环节的优化，是一个多维度、综合性的过程，旨在通过优化资源配置、提高生产效率、促进产业融合、增强产品附加值和市场竞争力，从而实现农业产业的可持续发展和农民增收。提高农产品的附加值和市场竞争力，从而增加农民收入和农业效益。

首先，农业产业链的价值提升的核心在于技术创新和现代化管理。通过引入先进的农业科技，如智能灌溉、精准施肥和病虫害远程监控等，可以显著提高农业生产效率，减少资源浪费，同时提升农产品的质量和安全性。此外，采用现代化的企业管理模式，如供应链管理、品牌建设和市场营销策略，有助于增强农产品的市场竞争力，实现更高的销售价格。

其次，农业产业链整合也是价值提升的关键。通过整合上下游资源，形成从种子培育、种植管理、收获加工到销售服务的完整产业链，可以降低交易成本，提高整体运营效率。同时，产业链整合还能促进农产品深加工和多元化发展，增加产品附加值，满足消费者多样化的需求。

最后，政策支持和市场导向也是推动农业产业链价值提升的重要因素。政府可以通过提供财政补贴、税收优惠和金融服务等政策措施，降低农业企业的运营成本，鼓励其进行技术创新和产业升级。同时，密切关注市场动态和消费者需求变化，及时调整生产策略和产品方向，也是实现农业产业链价值提升的关键。

综上所述，农业产业链的价值提升是一个系统工程，需要政府、企业和农户等多方面的共同努力和协作。农业产业链的延伸与价值提升是实现农业现代化、提高农民收入和促进乡村振兴的重要途径。通过产前环节的良种繁育和技术研发、产中环节的标准化生产和智能化管理、产后环节的农产品加工和品牌营销等措施，可以延伸农业产业链，提高农产品的附加值和市场竞争力。同时，通过产业融合、品牌建设和农民增收等措施，可以进一步提升农业产业链的价值。未来，应继续加强农业科技创新和人才培养，推动农业产业链的持续优化和升级，为实现农业强国和乡村振兴贡献力量。

第三节 乡村旅游与休闲农业的开发

一、乡村旅游产品设计与品牌塑造

随着旅游市场的竞争日益和消费者需求的多样化，如何设计具有吸引力的旅游产品和塑造独特的品牌形象，成为旅游企业面临的重要课题。

（一）乡村旅游产品设计

旅游产品设计是指根据市场需求和资源条件，对旅游活动进行规划和设计，以满足游客的多样化需求。旅游产品设计不仅涉及旅游线路、旅游项目、旅游设施，还包括旅游服务、旅游体验等方面的内容。旅游产品设计还要通过市场调研、资源评估、产品设计、产品测试、产品推广等技术流程。

在乡村旅游产品设计过程中，为了更好地设计出乡村旅游产品，除了技术上的考虑因素外，还要遵循以下七个原则。

（1）市场需求原则。旅游产品开发需要以满足市场需求为前提。在开发旅游产品时，需要了解游客的需求和偏好，根据市场需求进行产品的设计和开发。只有符合市场需求的产品才能更好地满足游客的需求，提高产品的竞争力和市场占有率。

（2）创新性原则。旅游产品开发需要注重创新性。只有具有创新性的旅游产品才能在市场竞争中脱颖而出，吸引更多的游客前来体验。创新可以体现在产品设计、服务方式、旅游活动等方面，通过引入新的元素和创意，提升旅游产品的吸引力和独特性。

（3）效益性原则。旅游产品开发需要注重效益性。效益性包括经济效益和社会效益两个方面。在旅游产品开发中，需要注重提高产品的收益和利润，同时也要考虑产品对当地社会发展的贡献,实现经济效益和社会效益的协调发展。

(4)安全性原则。安全性是保障游客生命财产安全的重要前提。在旅游产品开发中,需要注重安全设施的建设和维护,确保游客在旅游过程中的安全。同时,也需要加强安全管理,制定应急预案和安全管理制度,增强员工的安全意识和应急能力。

(5)多样性原则。旅游产品开发需要注重多样性。多样性可以满足不同游客的需求和偏好,提高产品的覆盖面和吸引力。例如,可以设计不同类型的旅游产品,如文化旅游、生态旅游、主题旅游等,为游客提供更加丰富的选择。

(6)文化传承原则。旅游产品不仅是提供给游客的一种体验,更是传承历史文化、民族文化和地域文化的重要途径。在旅游产品开发中,需要注重保护和传承当地的文化遗产和特色文化,将其融入旅游产品中,提高产品的文化内涵和独特性。

(7)可持续性原则。可持续性发展是指在满足当前需求的同时,不损害未来世代的需求。在旅游产品开发中,需要注重环境保护和资源利用的可持续性,积极推广绿色旅游和低碳旅游,实现经济、社会和环境的协调发展。

旅游产品设计是一个涉及创意策划、市场调研、资源配置及用户体验优化等多环节的综合过程,旨在打造既满足游客需求又具备市场竞争力的旅游产品。其过程与方法可概括为以下五个关键步骤。

(1)市场调研。需深入了解目标市场的游客偏好、消费习惯及未满足的需求点,通过问卷调查、数据分析等方式收集信息,为产品设计提供数据支持。

(2)创意策划。基于调研结果,结合地方特色、文化元素及市场趋势,进行创意构思,设计独特且吸引人的旅游产品主题、线路和活动内容,确保产品具有差异化和创新性。

(3)资源配置。根据产品设计,整合旅游资源,包括交通、住宿、餐饮、景点等,确保各环节的无缝衔接,同时考虑成本效益,制定合理的预算方案。

(4)体验设计。注重提升游客体验,从细节入手,如设置互动环节、提供个性化服务、优化游览流程等,让游客在参与中获得深刻的记忆与满足感。

(5)反馈与优化。产品推出后,持续收集游客反馈,通过数据分析评估产品效果,及时调整优化,形成闭环管理,不断提升产品质量和市场竞争力。

总之,旅游产品设计是一个持续迭代的过程,需要综合运用市场调研、创意创新、资源整合及用户体验管理等方式,以创造出既符合市场需求又具有文化底蕴的高质量旅游产品。

(二)乡村旅游品牌塑造

乡村旅游品牌塑造是指通过一系列的品牌建设活动,塑造具有独特性和吸引力的旅游品牌形象,提升旅游目的地的知名度和美誉度,吸引更多的游客前来旅游。旅游品牌塑造在现代旅游发展中具有非常重要的地位,一个好的旅游品牌能够吸引游客,提升旅游目的地的知名度,增加旅游收入。乡村旅游品牌塑造一般遵循以下四个原则。

(1)独特性。旅游品牌需要具有独特性,就是能够让自己的乡村区域特质与其他旅游目的地相区分,形成鲜明的品牌形象。

(2)一致性。乡村旅游品牌需要保持一致性,包括品牌形象、品牌口号、品牌标识等方面的统一,以增强品牌的辨识度和记忆度。

(3)情感性。乡村旅游品牌更需要注重情感传达,通过品牌故事、品牌文化等方式,激发游客对乡村的情感共鸣,产生认同感。

(4)体验性。乡村旅游品牌需要给游客提供优质的旅游服务和体验,特别是乡村休闲旅游,要让游客在旅游过程中感受到品牌的独特魅力和价值。

乡村旅游品牌的塑造和其他旅游品牌塑造一样,都有一定的过程,在乡村旅游品牌塑造中主要按照以下五个步骤进行。

(1)品牌定位。品牌塑造,首先要进行品牌定位,明确品牌的目标市场、核心竞争力、品牌形象等方面的内容。品牌定位需要准确、独特,能够吸引目标游客的关注和兴趣。

(2)品牌设计。品牌设计是旅游品牌塑造的重要环节,包括品牌名称、品牌标识、品牌口号等方面的设计。品牌设计需要突出品牌的独特性和吸引力,让游客在短时间内就能认出品牌。

(3)品牌传播。品牌传播是旅游品牌塑造的关键环节,是指通过各种渠道和方式,将品牌形象和品牌价值传递给游客。即使用广告宣传、公关活动、社交媒体营销等方式,来提高品牌的知名度和美誉度。

(4)品牌体验。品牌体验是旅游品牌塑造的核心环节,需要提供优质的旅游服务和体验,让游客在旅游过程中感受到品牌的独特魅力和价值。品牌体验可以包括旅游线路的设计、旅游活动的组织、旅游设施的建设等方面的内容。

(5)品牌维护。品牌维护贯穿旅游品牌塑造的全过程,在旅游品牌塑造的整个过程中,时刻需要注重品牌的保护和管理,防止品牌形象的损害和负面信息的传播。品牌维护包括品牌监测、危机管理、品牌升级等方面的内容。

总体而言,旅游产品设计与品牌塑造是相互依存、相互促进的关系。旅游产品是品牌塑造的基础和载体,品牌塑造是旅游产品提升竞争力和吸引力的关键。

(三)旅游产品设计与品牌塑造的融合策略

旅游产品设计与品牌塑造是现代旅游业发展的重要组成部分。通过旅游产品设计与品牌塑造的融合,可以形成具有独特性和吸引力的旅游品牌形象,提升旅游产品的竞争力和市场占有率。在旅游产品设计与品牌塑造的融合中，需要在以下四个方面加快两者的融合发展。

（1）注重乡村文化内涵的挖掘。在旅游产品设计中，需要注重文化内涵的传承和挖掘，将当地的文化特色融入产品中，提升产品的文化内涵和独特性。同时，在品牌塑造中，也需要注重乡村文化元素的运用和传达，形成具有文化特色的品牌形象。

（2）强化品牌形象的塑造。在乡村旅游产品设计中，需要注重品牌形象的塑造和传达，通过品牌标识、品牌口号等方式，强化品牌的辨识度和记忆度。同时，也要注重品牌形象的维护和提升，保持品牌形象的一致性和独特性。

（3）注重游客体验的提升。在乡村旅游产品设计中，需要注重游客体验的提升和优化，让游客在旅游过程中感受到品牌的独特魅力和价值。同时，也要注重游客体验的反馈和评估，根据游客的需求和反馈，不断优化和提升品牌形象和价值。

（4）加市场推广和营销的力度。在乡村旅游产品设计与品牌塑造的融合中，通过广告宣传、公关活动、社交媒体营销等多种渠道和方式，大力进行市场推广和营销，吸引更多的游客关注和参与。让游客从知晓，升级到喜欢，再到偏爱，再到信任，最后实现复购。

在未来的发展中，乡村旅游企业需要深入探讨旅游产品设计与品牌塑造的理论与实践，注重旅游产品设计的创新和品牌塑造的独特性，不断提升旅游产品的品质和品牌形象的价值，以满足游客的多样化需求，推动旅游业的持续发展。

二、乡村旅游和休闲农业的主要营销模式

乡村旅游和休闲农业作为当前旅游市场的重要组成部分，不仅为城市居民提供了回归自然、体验乡村生活的机会，也为农村地区带来了经济发展和社会变革。然而，要使乡村旅游和休闲农业真正发挥其潜力，有效的营销策略至关重要。下面介绍五种乡村旅游和休闲农业的主要营销方法。

（一）环境营销——利用乡村资源，打造独特魅力

乡村旅游和休闲农业的核心竞争力在于其独特的乡村景观和自然环境。因此在营销过程中，应充分利用乡村自然环境优势，通过展示乡村的田园风光、山水美景、生态资源等，吸引游客前来观光和休闲。例如，可以组织游客进行户外探险、生态摄影、自然观察等活动，让他们亲身体验乡村自然的魅力。

乡村文化是乡村旅游和休闲农业的灵魂。在营销过程中，应注重挖掘和展示乡村的民俗文化、农耕文化、传统手工艺等，通过举办文化节庆、民俗表演、手工艺展示等活动，营造热闹、质朴的乡村文化环境，让游客深入了解乡村的历史和文化，增强他们的文化认同感和归属感。

在乡村旅游和休闲农业的发展过程中，更应注重生态环境的保护。通过推广绿色农业、生态农业等理念，增强游客的环保意识，同时，也通过生态环境的改善，提升乡村旅游和休闲农业的品质和吸引力。

（二）体验营销——强调参与性，提升游客体验

体验营销是指企业以满足消费者体验需求为核心，通过创造、提供和传播有价值的体验来吸引、保留和拓展顾客的一种营销策略。在体验营销中，消费者不仅是产品或服务的购买者，更是体验活动的参与者和创造者。体验营销的核心在于设计具有吸引力的体验活动，乡村旅游和休闲农业可以充分利用其丰富的农业资源，设计各种农事体验活动，如采摘、种植、养殖、手工艺制作等，让游客在参与过程中获得乐趣和成就感。

在体验营销中，优质的服务是提升游客体验的关键。不仅要提供舒适的住宿环境、美味的农家美食、周到的导游服务等，还要注重与游客的沟通和互动，根据他们的需求和反馈，及时调整和优化服务内容。

（三）品牌营销——塑造特色，提升竞争力

在品牌营销和品牌塑造是同一个过程。首先，要明确品牌定位。根据乡村旅游和休闲农业的特点和目标市场，确定品牌的核心价值、品牌个性和品牌形象等。例如，可以将乡村旅游和休闲农业的品牌定位为"绿色、健康、自然、文化"，通过这一品牌定位，吸引那些注重健康生活、热爱自然的游客。其次，要打造品牌形象。通过设计具有特色的品牌形象，提升乡村旅游和休闲农业的知名度和美誉度。例如，可以设计具有乡村特色的徽标（LOGO）、吉祥物、宣传海报等，通过统一的品牌形象和宣传策略，增强游客对乡村旅游和休闲农业的认知和记忆。最后，还要建立品牌形象传播渠道。可以通过电视广告、网络广告、社交媒体、旅游展会等多种渠道和方式，传播乡村旅游和休闲农业的品牌形象，也可以通过与旅行社、酒店等旅游企业的合作，共同推广乡村旅游和休闲农业的品牌。

（四）集群营销——整合资源，形成规模效应

集群营销的核心在于整合资源，形成规模效应。乡村旅游和休闲农业可以通过拳头产品、品牌产品带动关联产品和服务的发展，布局产业项目。例如，可以围绕某一特色农产品或旅游资源，打造产业集群，形成乡村旅游和休闲农业的产业链和价值链。

区域合作是集群营销的重要手段。通过加强区域合作，可以实现资源共享、优势互补，提升乡村旅游和休闲农业的整体竞争力。例如，可以与其他地区的乡村旅游和休闲农业项目进行合作，共同开发旅游产品、共同推广品牌形象等。

节庆活动是集群营销的有效方式。通过举办各种节庆活动，如丰收节、采摘节、民俗节等，可以吸引大量游客前来参观和体验，提升乡村旅游和休闲农业的知名度和

影响力。同时，还可以促进乡村旅游和休闲农业的产业链延伸和价值链提升。

综合来看，乡村旅游产业可以通过打造产业集群，加强区域合作，开展多种形式民俗活动，形成营销合力，推动乡村旅游产业的发展。

（五）数字营销——利用互联网，拓宽营销渠道

数字营销是乡村旅游和休闲营销的重要渠道。首先，可利用互联网强大的社交媒体平台，如微信、微博、抖音等，发布乡村旅游和休闲农业的新闻动态、产品推荐、活动预告等信息，吸引游客的关注和参与，通过社交媒体平台与游客进行互动和交流，提高游客的参与度和满意度。其次，可以建设官方网站，展示乡村旅游和休闲农业的产品和服务、品牌形象、新闻动态等，方便游客了解相关信息并进行预订，也可通过官方网站与游客进行互动和交流，收集游客的反馈和建议，优化产品和服务。最后，通过搜索引擎优化、搜索引擎营销、在线广告投放等方式，提高乡村旅游和休闲农业的在线曝光率和点击率。此外，还可以通过与在线旅游平台、电商平台等合作，共同推广乡村旅游和休闲农业的产品和服务。

要使乡村旅游和休闲农业真正发挥其潜力，有效的营销策略至关重要。通过运用环境营销、体验营销、品牌营销、集群营销和数字营销等多种营销方法，提升乡村旅游和休闲农业的知名度和美誉度，吸引更多游客前来参观和体验，推动乡村旅游和休闲农业的持续健康发展。

乡村旅游示范村的成功经验

未来，随着我国旅游市场的不断变化和消费者需求的不断提升，乡村旅游和休闲农业的营销策略也需要不断创新和完善。相关从业者应密切关注市场动态和消费者需求变化，及时调整和优化营销策略，以适应市场的变化和发展的需要。同时，还应加强与其他旅游企业的合作和交流，共同推动乡村旅游和休闲农业的繁荣发展。

第四节　乡村产业的数字化转型

随着物联网、大数据、人工智能等技术的广泛应用，数字化转型已经成为推动经济社会发展的重要力量，是全球经济社会发展的必然趋势。数字化转型能够提升产业效率、优化资源配置、推动创新升级，为经济发展注入新的活力。乡村产业，作为国民经济的重要组成部分，也面临着数字化转型的迫切需求，通过科技赋能，可以打造智慧农村新生态，推动乡村经济社会的持续健康发展。虽然，当前乡村产业数字化转型仍面临一些挑战和问题，但只要我们坚定信心、加强改革与创新，就一定能够实现乡村产业数字化转型。

一、电商平台的运用与数字营销

随着信息技术的飞速发展,农业领域也迎来了数字化转型的浪潮。农业电商平台作为农业数字化转型的重要产物,正在深刻改变着传统农业的生产、销售和服务模式。

(一)农业电商平台的运用

农业电商平台是指利用互联网技术,将农产品的生产、销售、物流等环节进行数字化、网络化管理的平台。它打破了传统农业销售模式的时空限制,实现了农产品从田间地头到消费者餐桌的无缝对接。农业电商平台具有信息透明度高、交易成本低、市场覆盖面广等特点,为农业生产者和消费者提供了更加便捷、高效的交易渠道。

农业电商平台的发展经历了从起步到逐步成熟的过程。起初,农业电商平台主要聚焦于农产品的线上销售,通过搭建电商平台,将农产品信息展示给消费者,实现线上交易。随着技术的不断进步和市场的深入拓展,农业电商平台逐渐融入了物联网、大数据、云计算等先进技术,实现了农产品的智能化种植、精准化管理和个性化营销。

农业电商平台有多种模式进行营销,主要模式有以下三种。

1. B2B 模式

B2B 模式是指农业电商平台连接农业生产者(如农户、农业合作社)和农产品采购商(如食品加工厂、餐饮企业)之间的交易。这种模式通过提供农产品信息展示、在线交易、物流配送等一站式服务,降低了农产品流通成本,提高了交易效率。

2. B2C 模式

B2C 模式是指农业电商平台直接面向消费者销售农产品。这种模式通过搭建电商平台,将农产品信息展示给消费者,并提供在线支付、物流配送等服务。消费者可以在平台上浏览、选择、购买农产品,享受便捷的购物体验。

3. C2C 模式

C2C 模式是指农业电商平台为农产品生产者和消费者之间提供交易撮合服务。这种模式通过搭建农产品交易平台,允许农产品生产者自行发布产品信息,消费者则可以在平台上搜索、选择、购买农产品。C2C 模式为农产品生产者提供了更加灵活的销售渠道,同时也为消费者提供了更多样化的农产品选择。

(二)农业电商平台的数字营销策略

数字营销是指利用数字技术、互联网平台等新媒体渠道,通过数据分析、精准推送等手段,实现营销目标的一种新型营销方式。数字营销具有传播速度快、覆盖面广、互动性强等特点,为农业电商平台的推广和销售提供了有力的支持。主要有以下四种营销方式。

1. 社交媒体营销

社交媒体营销是农业电商平台常用的数字营销策略之一。通过微博、微信、抖音等社交媒体平台，发布产品信息、分享农场故事、与消费者直接互动，增强消费者对品牌的认知度和信任度。同时，社交媒体平台还可以为农业电商平台提供流量支持，提高平台曝光率和用户黏性。

2. 搜索引擎优化

搜索引擎优化是农业电商平台提高网站排名和曝光率的重要手段。通过优化网站内容、结构、关键词等，农业电商平台可以提高在搜索引擎中的检索排名，从而吸引更多潜在用户访问和购买农产品。

3. 内容营销

内容营销是农业电商平台提升品牌形象和用户黏性的有效方式。通过发布高质量的农业知识、种植技巧、农产品故事等内容，吸引用户的关注和激发用户的兴趣，还可以为农业电商平台提供有价值的用户数据，为精准营销提供有力支持。

4. 数据分析与精准推送

数据分析与精准推送是农业电商平台数字营销的核心。通过收集和分析用户数据，电商平台可以了解用户的购买习惯、需求和偏好，从而制定个性化的营销策略，这样不仅可以提高营销效果，还可以降低营销成本，提高用户满意度。

然而，在农产品电商平台的数字营销中，也面临了诸多的问题。

首先，农产品标准化程度低。由于农产品的种类繁多、品质各异，难以实现标准化生产和销售。这导致农业电商平台在采购、销售、物流配送等环节面临较大困难，难以形成规模效应和竞争优势。

其次，农产品物流配送成本高。由于农产品具有易腐、易损等特点，对物流配送的要求较高。然而，当前农产品物流配送体系尚不完善，物流成本较高，导致农业电商平台的运营成本增加，难以形成价格优势。

最后，当前农产品市场上存在一些假冒伪劣、质量参差不齐的现象，导致消费者对农产品的信任度降低，对农业电商平台的购买意愿也受到影响。

为了推动农业电商平台的可持续发展和广泛应用，需要加大政策扶持力度、加强技术创新和人才培养、完善物流配送体系等措施。随着技术的不断进步和市场的深入拓展，农业电商平台将迎来更加广阔的发展前景。

二、智慧农业的建设与应用

（一）智慧农业的定义和重要性

智慧农业是指借助物联网、大数据、云计算、人工智能等现代信息技术，实现对农业生产过程的精准感知、智能控制、决策支持和社会化服务。智慧农业的建设与应用将决定中国现代农业的发展方向和前进速度。

智慧农业在建设过程中面临着诸多挑战。首先，技术水平是制约智慧农业发展的重要因素之一。虽然物联网、大数据、云计算等技术已经取得了一定的进展，但在实际应用中仍存在着一些问题，如数据传输不稳定、数据处理速度慢等。其次，资金短缺也是制约智慧农业发展的另一个重要因素。智慧农业的建设需要大量的资金投入，而当前农业领域的投资相对较少，难以满足智慧农业建设的资金需求。此外，由于农民对新技术和新模式的认知程度有限，一些农民对智慧农业持观望态度或抵触情绪，也制约着智慧农业的发展。

（二）智慧农业建设与应用的要点

首先，要超前制定出明确的智慧农业的发展规划。在发展规划中应明确智慧农业的发展目标、重点任务、实施步骤和保障措施等，为智慧农业的建设提供指导和依据。同时，发展规划还应注重与当地农业产业特点和市场需求相结合，确保智慧农业建设的针对性和实效性。

其次，要不断加强技术革新。在国家层面上要加大对智慧农业相关的关键技术的研发投入，推动技术创新和成果转化。在国际上要加强与有先进技术国家的交流与合作，引进和消化吸收国际先进技术成果，提升我国智慧农业的技术水平。

第三，要完善乡村基础设施建设。要加强农田基础设施建设，提高农业生产环境的智能化水平。特别是要加强农业数据中心、云计算平台等信息化基础设施的建设，为智慧农业的发展提供强大的计算和存储能力。

最后，要培养智慧农业建设的专业人才。要加强农业信息化人才的培养和引进，推动智慧农业人才队伍的不断发展壮大。还要加强智慧农业人才的培训和交流，不断提高人才的专业素养和实践能力。

要持续推进智慧农业的建设与应用，还需要着重建设好智慧农业的关键性技术，构建智慧农业的技术体系。主要包括以下四个方面的技术。

（1）要构建好物联网技术。物联网技术是智慧农业的核心技术之一。它通过传感器、射频识别标签、无线传输网络等设备，实现对农业生产环境、作物生长状况、动物健康状态等信息的实时监测和采集，这些信息为农业生产提供了丰富的数据支持，有助于实现精准的农业管理。

（2）要发展好大数据技术。大数据技术可以对物联网设备采集的海量数据进行分析和挖掘，从而发现农业生产中的规律和问题，为农业生产提供科学的决策依据。同时，大数据技术还可以用于农产品的质量追溯和安全管理，提高农产品的品质和安全性。

第二章　乡村产业规划与发展策略

（3）要建设好云计算平台。通过云计算平台，发挥其强大的计算和存储能力，实现农业生产数据的集中存储、处理和分析，提高数据处理效率和准确性。同时，云计算平台还可以为农业生产提供远程监控、在线诊断等智能化服务，降低农业生产成本，提高农业生产效率。

（4）要利用好人工智能技术。通过机器学习、深度学习等算法，可以对农业生产数据进行智能分析和预测，为农业生产提供智能化的决策支持。例如，利用人工智能技术可以实现作物病虫害的智能识别与预警，提高病虫害防治的准确性和及时性。通过应用物联网、人工智能等技术，还可以实现农机装备的智能化控制和管理。例如，智能农机可以根据农田环境和作物生长状况自动调整作业参数，还可以通过远程监控和故障诊断等功能，降低农机维修成本和停机时间，提高农机作业的精度和效率。

案例分享

乡村电商的崛起与挑战

第三章 乡村社会治理与公共服务

第一节 乡村社区治理体系构建

健全社会治理体系,是推进国家治理体系和治理能力现代化的必然要求。推进社会治理现代化,是完善和发展中国特色社会主义制度、推进国家治理体系和治理能力现代化的重要内容。党的十八大以来,我们党在加强和改进社会治理的实践中,对社会治理规律的认识不断深化,党的十八届三中全会提出加快形成科学有效的社会治理体制,党的十九大提出打造共建共治共享的社会治理格局,党的二十大和党的二十届三中全会进一步将社会治理体系放到推进国家安全体系和能力现代化的战略中部署。

乡村社区治理是社会治理的重要组成部分,对于实现乡村振兴战略、推进农村现代化具有重要意义。随着城乡一体化进程的加快,乡村社区治理面临着新的挑战和机遇。构建完善的乡村社区治理体系,有助于提升乡村社会的治理效能,促进乡村社会的和谐稳定,推动乡村经济的持续发展。

一、村民自治的实践与探索

基层群众自治制度是中国特色社会主义民主制度的重要内容,是我国的一项基本政治制度。基层群众自治制度,是依照宪法和法律,由居民(村民)选举的成员组成居民(村民)委员会,实行自我管理、自我教育、自我服务、自我监督的制度。村民自治作为农村基层群众自治制度的核心,就是要充分发扬民主,让村民在乡镇人民政府指导下,不断提高自我管理、自我教育、自我服务水平。实行村民自治,就是要保障村民当家做主的权利,村里的大事由村民说了算,村里经济的发展大计由村民自己决策决定。实行村民自治,就是由村民直接投票选举出自己信任的村民进入村委会,作为当家人、村民的代表,处理村里的一切大小事情。

村民自治具有重要意义。一是密切了干群关系。通过村民自治,村干部能够及时了解村民的需求和诉求，并采取有效措施加以解决。这增强了村干部在村民中的威信和认可度，密切了干群关系。二是调动了农民群众的政治参与热情。村民自治为农民群众提供了参与村级事务管理的平台和机会，激发了他们的政治参与热情。通过参与村民自治，农民群众能够更好地了解国家政策和法律法规，增强他们的民主法治观念。三是促进了农村社会稳定。通过村民自治，能够及时发现和解决农村中的矛盾和纠纷，防止矛盾激化和升级。这有利于维护农村社会的稳定与和谐。四是推动了农村经济的发展。村民自治为农村经济的发展提供了有力保障。通过加强基础设施建设、改善生态环境、发展特色产业等方式，能够增加村民收入，提高村民生活水平。同时，通过村民自治，还能够加强农村社会治理和公共服务体系建设，为农村经济的发展创造更加良好的环境。

（一）案例分享

1. 湖北省秭归县——深化村民自治实践建设幸福村落

秭归县地处湖北省西部、长江西陵峡畔，是一个集老区、库区、坝区于一体的山区农业县、国家级贫困县，有着"脐橙之乡"的美誉。2001 年，秭归县实行合村并组后，行政村平均面积超过 10 平方千米，平均人口 1 700 多人，山大人稀居住分散，当地村干部戏称"三五个村干部，数十里大山场，干部辛苦跑断了腿，堵不住老百姓埋怨的嘴"。面对基层治理的现实困境和农村发展的内在需求，突出基层党组织对基层群众自治的领导，实行"村党组织－村落党小组－党员""村委会－村落理事会－农户"两个三级架构融合运行。村落有党员 3 人以上的，同步组建党小组；不足 3 人的，与邻近村落联合组建党小组。全县 2 035 个村落共组建党小组 1 643 个，实现了党小组在村落内的全覆盖。2012 年 8 月起，秭归县在全县开展以"十个得到"为主要内容的"幸福村落"建设，要求经济得到发展、民生得到改善、环境得到保护、设施得到建设、文化得到传承、乡风得到净化、正义得到伸张、矛盾得到化解、困难得到帮扶、权益得到保障，深化村民自治实践，将"大单元"的村民自治延伸至"小范围"的村落治理，有效化解了农村社会"神经末梢"管理缺位和失灵问题，较好地推动了村民的落实落地。

2. 贵州省惠水县好花红村——突出村民自治推进乡村治理

惠水县好花红村辖 14 个村民小组，15 个自然村寨，共 745 户 3 230 人，布依族占总人口的 95%，其中建档立卡脱贫户 81 户 274 人，2019 年底实现贫困人口全部脱贫。好花红村是全国少数民族特色村寨，是中国十大名歌《好花红》的发源地。当地以发展旅游业为契机，聚焦治理村庄环境卫生，除了做好"面子"外，还要做好"里子"，村子建章立制，以突出抓村民自治为重点，营造自治氛围，充分发挥村民议事会、村民代表会等群众组织的自律监督作用，引导村民移风易俗，形成群众自我教育、自我服务、自我监督的自治管理机制。2017年，好花红乡村旅游景区进入国家4A级旅游景区之列，先后荣获"省级五好基层党组织""州级先进基层党组织""全国首批少数民族特色村寨""全国文明村寨""全国精神文明示范村""全国民主法治示范村""中国最美休闲乡村""全国乡村旅游重点村""全国生态文化村""全国乡村治理示范村"等荣誉称号。如此成绩，缘于当地聚焦村庄发展目标，强化村落管理制度与保障，吸引群众参与美丽乡村建设。

（二）村民自治探索经验

1. 完善村民自治机制

自治机制是协调乡村自治系统各个部分之间关系以更好地发挥作用的具体运行方式，是确保乡村自治有效实施的前提和保障。一是完善乡村利益联结机制。现代化进程中，利益关联逐渐成为更为有效的联结纽带，能够促进乡村自治主体积极参与乡村治理，为个体行为服从集体行为、个体利益服从集体利益提供重要驱动力。与此同时，利益共同体的高效协调运作，又能产生更多公共利益和价值，从而提升乡村治理共同体活力与效率，和谐优化乡村秩序与价值。在具体实践中，就是要在乡村发展中，让村民参与决策和组织过程，而不是履行简单的信息供给角色，要让村民更多分享各项增值收益。只有让农民群众得到现实利益，看见远景利益，才能从根本上调动他们的参与性和积极性，才能解放潜藏的生产力。二是构建乡村自治监督机制。构建包括村民、乡村两委、乡镇政府等在内的广义监督体系和以议事会、监事会等为载体的狭义监督体系，对自治组织实施全过程、全事务、全成果监督。深入实施乡村"三务公开"制度。做到清晰公开、准确公开，利于村民理解，便于村民监督。

2. 加强村级党组织建设

强化村级党组织的领导核心地位，加强村级干部队伍建设。通过选举产生有能力、有威信的村干部，带领村民共同致富。以强化村级党组织的领导核心地位为重点，加强村级干部队伍建设。要充分利用"书记主任一肩挑"及两委换届的大好时机，切实把那些政治上靠得住、工作上有本事、群众中有威信的优秀党员和带头致富能人选进"两委"班子。要进一步强化村级干部的政治意识、大局意识、法纪意识和服务意识。要真正把那些有集体荣誉感、个人荣辱感，有责任心、有能力的农村人才选进村两委班子。要有针对性地发现和培养一批优秀的年轻干部，逐步形成年龄较低、学历较高、能力较强的村两委班子，增强村级班子的战斗力。

3. 推动村民自治与经济发展相结合

将村民自治与经济发展紧密结合，通过发展乡村旅游、特色产业等方式，增加村民收入，提高村民生活水平。同时，通过村民自治，加强基础设施建设，改善生态环境，为经济发展提供有力保障。推进基层治理必须围绕村级经济发展来落实。要因地制宜制定本村经济发展思路，充分调动村两委干部发展集体经济的积极性。要建立合理的利益分配机制，通过发展集体经济，保障、提高村民福利，吸引村民主动关心、参与村级班子建设和村务决策管理，达到良性循环。

4. 优化乡村服务格局

村民自治组织构建意义在于服务村民，提升村民获得感、幸福感。当前乡村服务在项目设置、服务内容供给、服务质量感知等方面存在不完善、非优化现象。新时代下，乡村服务格局必须重构和优化。一是完善乡村服务设施。以硬件完善满足格局优化需要。整合中央、省市等各方面的涉农资金和项目，建设空间合理、内容丰富、结果舒适的服务设施。二是差异化供给服务项目和服务内容。要根据乡村不同人群，比如老年人群、少儿人群、乡村产业主等的不同需求，提供差异化的服务内容。三是高质化乡村服务水平。服务具有难以量化和难以评价特征，要通过针对性培训、规范化运作方案设置、感受者打分等措施，提升乡村服务水平。

5. 提升乡村自治能力

深化乡村自治实践，前提是村民愿意自治，能够自治，关键是发挥村民主体作用。乡村不是其他人的乡村，而是乡亲、村民的乡村，村民是乡村发展的内生主体，是乡村村落的生命力，是乡村治理中最活跃、最有力的要素。深化乡村自治实践，提升村民自治能力，有利于村民更好更全面地发展。这是以人民为中心的价值取向在乡村场域的具体体现。一是激发村民自治意识。这是深化乡村自治实践的前提。意识是行动的先导，只有村民树立起自治意识，才能自觉自发参与乡村治理，投身乡村振兴，达到身心融于乡村。意识激发是一个长期的过程，需要通过宣传、培训、潜移默化等手段，让村民充分意识到乡村振兴、乡村治理是村民自己的事，要振兴、要治理的是自己生产、生活于其中的乡村，村民自治是乡村持续发展的有效路径。二是构建自治平台，拓宽自治渠道。有渠道参与和有效参与是发挥村民主体作用、实现乡村自治的条件。乡村要通过现代化技术手段，构建如微信公众号、村民微信群等线上沟通平台，同步完善理事会、参事会、监督委员会、综治委、纠纷调解委等村民自治组织，形成全天候、多层次的村民参与体系。参与的有效性在于是事实性参与而非形式性参与。这要求乡村治理和发展的各事项、各方式要充分尊重村民意愿，符合村民生产生活习惯。乡村产业发展、传统村落保护、生态环境治理、社会事务管理等，都要想村民所想，做村民愿做。诸如不能强制性把农民赶离土地，远离田野，上楼硬化；更不能强迫农民变革传统的生活方式，简单复制城市生活方式。三是加强乡村自治组织建设和管理，提升自治能力。这是健全乡村自治的根本。面对乡村空心化、农民个体化、社会组织松散化的困境，应当重视乡村社会中自下而上的内生性自治组织的培育，鼓励、帮助村民组成新集体，实施村民主体性自我构建。

二、社会组织参与治理的机制

社区作为一个基层社会服务系统,具有社会治理单元和服务单元的二重性,是基层治理体系的重要部分。社区社会组织是加强和创新社会治理的重要载体,其居民自发成立、自觉参与的组织形态则是社区治理实现自我良性运转的重要表现形式。社区社会组织是社区中的重要主体之一,同时也是社区治理的重要参与者。社区社会组织作为满足基层社会和居民多元化需求的自组织,可以有效"加强基层社区治理体系建设、推动国家治理和社会治理重心向基层下移,打造共建共治共享的社区治理新格局"。例如,广西柳州有200多家社区社会组织参与社区治理,服务领域涉及法律调解、青少年服务、基建服务、养老服务、入户视访等工作,并逐渐成为基层公共事务参与、居民邻里互助服务和社区"小马拉大车"治理问题的重要力量。社会组织参与治理的机制是一个复杂而多维的系统,它涉及多个方面和层次。

(一)社会组织参与社区治理的意义

1. 直接体察民情与需求传递

社会组织通常根植于社区,与广大民众保持着密切的联系。这种联系使社会组织能够直接体察民情,捕捉到公众的真实需求和关切。同时,社会组织还能将这些需求及时传递给政府,为政府制定和调整政策提供重要的参考依据。这种自下而上的信息传递机制,有助于增强政策的针对性和有效性。

2. 关注弱势群体与增进社会公平

许多社会组织致力于代表社会边缘群体和弱势群体的利益。这些群体往往因为种种原因而难以获得政府的充分关注,成为社会治理的薄弱环节。社会组织通过提供更具技术性和专业性的公共服务,可以更好地关注这类群体的需要,增进社会稳定和社会公平。这种关注不仅有助于缓解社会矛盾,还能提升整个社会的凝聚力和向心力。

3. 专业领域服务与精准化治理

社会组织数量众多,且部分社会组织具有较高的专业化水平。这使得社会组织在某些专业领域更加熟悉情况,能够提供更加专业和精准的服务。这种专业性和精准性有助于提升治理的质量和效果,满足民众对高品质公共服务的需求。

4. 倡导功能与推动政策创新

社会组织具有非政府性、非营利性和公益性等特点,这使得它们能够在制度建设方面发挥倡导功能。虽然社会组织不是法律、政策和制度的最终制定者,但它们可以通过自身的影响力来影响相关法律、政策、制度的制定和执行。这种倡导功能有助于推动政策创新,完善治理体系,提升治理水平。

5. 促进社区自治与民主参与

社会组织参与治理还可以促进社区自治和民主参与。通过社会组织的引导和带动，社区居民可以更加积极地参与到社区事务的管理和决策中来。这种参与不仅有助于提升社区居民的自治能力和民主素养，还能增强社区的凝聚力和自我管理能力。

（二）社会组织参与治理的机制建设做法

1. 健全党委领导与政府负责机制，引导社会组织进入乡村治理领域

实施乡村振兴战略是党的十九大做出的重大决策部署。按照实施乡村振兴战略的总体要求，坚持和加强党对乡村治理的集中统一领导，必须把加强农村治理体系和治理能力建设作为主攻方向，切实把党管农村工作的要求落到实处。建立健全党委领导、政府负责、社会协同、公众参与、法治保障、科技支撑的现代乡村社会治理体制，首先要建立健全党委统一领导、政府负责、党委农村工作部门统筹协调的农村工作领导体制，充分挖掘乡村社会所处的地域优势、资源优势和文化优势，使之展现出来，引导社会组织参与进来。例如，乡村的山清水秀、宁静致远的自然之美很契合生态环保类社会组织；乡村的种植、除草、耕地、收获、养殖等农业活动也是一种"向往的生活"，契合休闲体验类社会组织；乡村所保留下来的传统手艺、旧屋亭台、老街小巷别具一格，契合传统文化保护类社会组织；农业新技术开发、新经营模式采用，契合农业经济发展类社会组织；平安乡村建设、矛盾纠纷调解、婚姻家庭指导和法律服务，契合法律援助类社会组织；乡村扶贫救困以及特殊困难人员的关爱服务，契合公益服务类社会组织。尤为重要的是，结合政府职能转变和行政审批改革，可将政府部门不宜行使、适合市场和社会提供的事务性管理工作及公共服务，通过竞争性方式交由社会组织承担。此外，完善财政税收支持政策和人才政策，支持各类社会组织在创新乡村治理、化解基层矛盾、维护社会秩序、促进和谐发展等方面发挥作用。

2. 明晰社会组织参与乡村治理的领域、手段和方式方法，推动社会组织融入乡村

支持多方主体参与乡村治理是推进乡村治理主体多元化，激发和带动多种社会资源进入乡村治理领域的必然要求。当下，乡村治理领域是一个大有可为的广阔天地，越来越多的社会组织重心下移，进入到乡村治理领域，这就需要明确一定的原则和要求，尤其是要把保障和改善农村民生、促进农村和谐稳定作为各方参与乡村治理的根本目的。社会组织参与乡村治理不仅仅是进入乡村，而且要融入乡村，只有以各类规范性文件和文本的方式明晰社会组织参与乡村治理的领域、手段和方式方法，才能规范其在乡村治理领域中的权力边界和活动范围，防止各种非法、违法社会组织侵入乡村从事不法活动。

政府在乡村治理中扮演着领导者、规划者和统筹者的角色，更好发挥政府作用，

必须坚决贯彻落实党对乡村治理工作的路线方针政策，尽可能地把资源、服务和管理下放到基层，规划好本地区乡村治理的路线和方案，广泛动员和统筹协调各方力量参与到乡村治理中来。作为市场一方，企业主体在坚持市场在资源配置中起决定性作用的同时，也要承担起企业的社会责任，针对乡村治理中的各类相关事项，要给予最大程度的考虑、关怀和支持。相对政府和市场主体，社会组织参与乡村治理则定位在提供实际公共服务和价值倡导功能，并以此作为不同规模、业务范围、成员构成和服务对象的社会组织在乡村治理中开展活动的导向和规范。这就要求社会组织参与乡村治理的领域应集中在提供农业农村技术服务、扩大就业、民生保障、文化教育、纠纷调解、公益慈善等公共服务项目方面。同时，采用正确的治理手段和方式方法，需要摆正和处理好与村两委干部、有影响人物、村民之间的关系，这是获得服务对象认可与支持、开展乡村治理的一个关键因素。

3. 健全社会组织参与乡村治理的共建共治共享机制，打造乡村善治共同体

从参与乡村治理来看，社会组织所具有的非营利性特征表征了其以公共利益为目标、不以营利为目的，但是这不能否认社会组织的利益诉求和价值追求。如何协调社会组织与政府、乡村之间的利益关系，建立多主体共建、共治、共享机制，打造乡村善治共同体，是一个至关重要的问题。共建、共治、共享社会治理格局的打造需要构建出适应中国场景、符合时代要求和顺应人民意愿的公共价值内核。

首先，激发社会组织与基层群众参与乡村治理的积极性与主动性，使之意识到只有人人行动起来，乡村治理才能集合大家智慧；只有人人参与进来，乡村治理的成效才能回馈每个人。其次，规范各类乡村治理主体凭借要素投入享受相应收益的内容和比例，承担相应的风险和损失，切实提升乡村治理的社会化、法治化和专业化水平。再次，因势利导建立乡村合作组织，引导在外工作人员和大学毕业生返回乡村，充分发挥这些群体引领带动的力量和作用。最后，构筑城市与乡村互通有无的渠道和机制。费孝通主张"都市和乡村是必须来回流通的"这一立场和观点，有助于城市和乡村资源共享，对科技进村、资金进村、人才进村、服务进村产生积极的推动作用，也构筑起社会组织参与乡村治理、乡村反哺城市、城市助力乡村的桥梁和纽带。

第二节 乡村公共服务体系建设

乡村公共服务体系建设是乡村振兴战略的重要组成部分，对于提升农民生活质量、促进农村社会和谐稳定以及推动农业农村现代化具有重要意义。乡村公共服务体系建设有利于提升农民生活质量，完善的乡村公共服务体系能够改善农民的生产生活条件、提高生活质量。促进农村社会和谐稳定，良好的公共服务有助于解决农村社会矛盾，促进社会和谐稳定,有助于推动农村经济社会发展。

一、基础设施建设与改善

(一)农业基础设施建设

农村公共服务体系的主要内容之一是农业基础设施建设,这包括道路、桥梁、供水、供电、通信等基础设施建设。通过完善农村基础设施建设,可以改善农村居民的生活条件,提高农村地区的发展水平。如加大农村公路建设投入,提高农村公路的通达率和硬化率,实现村村通公路,并注重公路的质量提升。发展农村公共交通,合理规划公交线路,设置公交站点,增加公交车辆的班次。加强农田水利基本建设,维修和改造老化的灌溉渠道、泵站等设施,提高灌溉水利用系数,推广节水灌溉技术。建设农村防洪、排涝工程,提高农村的防洪排涝能力。推进农村电网改造升级,提高农村供电的稳定性和可靠性,满足农村居民日益增长的用电需求。同时,发展清洁能源,如太阳能、风能等,解决农村能源问题。

(二)农村教育设施建设

改善农村学校办学条件,加大对农村学校的资金投入,建设标准化的教学楼、实验室、图书馆等教学设施,配备现代化的教学设备。同时,加强农村教师队伍建设,提高农村教师的待遇和教学水平。

(三)农村医疗卫生设施建设

建立预防为主的农村公共卫生体系建设。完善农村医疗卫生机构建设,加强乡镇卫生院和村卫生室的建设,配备基本的医疗设备和药品。同时,提高农村医疗卫生人员素质,推进农村医疗卫生信息化建设。加强农村的健康教育。将生态与经济、社会和家庭的协调发展,作为农村创建的重点,开展健康教育,普及疾病预防和卫生保健知识,引导农民治理脏乱差,破除陋习,倡导科学文明的生活方式,增强广大农民的健康意识。

(四)农村公共文化设施建设

加强农村文化设施建设,如农村文化广场、农家书屋、文化活动室等,为农民提供文化活动的场所。各乡镇可将文化、农技、司法、广电、学校等社会资源进行整合,形成功能于一体的综合性文化机构。在农村建设基层综合性文化服务中心,整合基层宣传文化、党员教育、科学普及、体育健身等设施,整合文化信息资源共享、农村电影放映、农家书屋等项目,发挥基层文化公共设施整体效应。

二、教育、医疗、养老等服务的优化

（一）优化教育服务

1. 加大教育投入，改善基础设施

政府应加大对农村教育的财政投入，提高教育经费在农村地区的分配比例，确保农村学校有足够的资金用于改善基础设施和教学设备。加强农村学校教室、宿舍、食堂等基础设施的建设和改造，确保学生能够在安全、舒适的环境中学习和生活。

2. 优化资源配置，促进教育公平

建立健全乡村教师培养机制，通过定向培养、专业培训等方式，提高乡村教师的专业素质和能力水平。同时，提高乡村教师的待遇，吸引更多优秀人才到乡村任教。通过实施"县管校聘"等改革措施，推动城乡教师合理流动，实现优质教育资源的共享。建立完善的农村学生资助体系，确保农村学生不因家庭经济困难而失学。

3. 创新教育模式，提高教学质量

积极探索适合乡村实际的教育教学模式，如"科技小院"等新型教育模式，鼓励科研院所、高校专家深入乡村学校开展科技服务和教育指导。利用互联网和多媒体技术拓宽学生的学习渠道和视野，实现优质教育资源的共享。通过开展丰富多彩的课外活动和社团活动，激发学生的学习兴趣和潜能，促进其全面发展。

4. 挖掘乡土文化，培养爱乡情怀

将乡土文化资源融入教育教学过程中，激发学生的文化认同感和自豪感。通过开设乡土文化课程、举办乡土文化活动等方式，让学生了解和热爱自己的家乡文化。注重培养学生的创新意识和实践能力，鼓励他们将所学知识运用到乡村建设中来，为乡村振兴贡献自己的力量。

（二）推进医疗服务体系建设

1. 加强农村医疗机构建设

提升设施环境，对现有的农村卫生室进行改造升级，包括房屋装修、水电暖气更新改造、科室合理布局等，以提供一个更加舒适、便捷的医疗环境。例如，设置诊断室、观察室、治疗室、药房等，并完善各种医疗制度及宣传标识牌。根据农村医疗服务的实际需求，更新和完善医疗设备，如货架柜台、候诊椅、诊查床、中医诊疗设备等，以提升医疗服务的能力和水平。

2. 加强乡村医生队伍建设

全面加强乡村医生综合能力培训，包括医疗技术、公共卫生知识、健康管理等方面的培训，以提升他们的业务能力和服务水平。通过制定优惠政策、提高薪酬待遇、完善社会保障等方式，吸引和留住优秀的医疗人才到农村基层工作。

3. 推动医疗资源下沉

通过县域内医疗资源的整合和共享，建立紧密型县域医疗卫生共同体，推动优质医疗资源下沉到农村基层，提升农村医疗服务水平。组织城市医院的医护人员到农村开展义诊、带教等活动，帮助农村医疗机构提升服务能力。

4. 加强公共卫生服务

开展健康教育，定期举办健康讲座和义诊活动，向农村居民普及健康知识，增强他们的健康意识和自我保健能力。加强农村地区的疾病预防工作，如疫苗接种、慢性病管理等，降低农村居民的疾病发生率。

（三）优化养老服务供给

1. 建立多元化养老服务体系

加大投入，改善农村养老服务设施条件，如建设老年公寓、日间照料中心等。配备必要的医疗设备和生活设施，满足老年人基本生活需求。鼓励政府、社会组织、企业和个人等多元主体参与农村养老服务体系建设。引入市场化机制，推动养老服务产业化发展，提高服务质量。加强农村养老服务人才队伍建设，提高服务人员的专业素质和服务技能。引入专业机构进行培训和指导，提升农村养老服务整体水平。

2. 强化社区和家庭支持

社区应整合资源，制定和完善农村养老服务相关政策，明确服务标准、资金保障和监管机制。加大对农村养老服务的财政投入，确保服务可持续运行。鼓励社区开展老年人关爱活动，提供邻里互助、志愿服务等支持。加强农村医疗机构与养老服务机构的合作，实现医疗资源和养老资源的有效整合。推动医养结合，为老年人提供医疗、康复、护理等全方位的健康服务。倡导家庭养老，鼓励子女与老年人共同生活或定期探访，提供精神慰藉和生活照顾。

3. 加强宣传教育

发挥志愿者、社区、社会组织力量，加强宣传教育，提高社会对农村养老服务的认识和重视程度，营造尊老敬老的社会氛围。普及养老知识和健康知识，提高老年人的自我保健能力。

第三节 乡村文化传承与创新发展

一、乡土文化的保护与传承

乡土文化涉及广泛，有着物质和非物质的双重复杂性质，不仅涉及历史遗留下来的故居、遗址、文物等乡贤文化遗产、"历代乡贤名士录""乡贤文化史料汇编"等珍贵的乡贤文史资料等物质遗产，还包含着家规、家训、致富经等乡贤精神这类非物质文化遗产。乡土文化，作为地域性群体在长期历史发展过程中形成的独特文化形态，承载着丰富的历史记忆、民俗传统和社区认同感。它包括了地方方言、民间故事、传统手工艺、节日庆典、宗教信仰、饮食文化等多个方面，是维系社会成员情感纽带、塑造地域特色和文化自信的重要基石。党的十九大提出"产业兴旺、生态宜居、乡风文明、治理有效、生活富裕"的总体要求，这证明了国家对农村发展的重视，也证明了农村发展在社会发展中的重要性。2018年1月颁布的《中共中央 国务院关于实施乡村振兴战略的意见》中提到"乡村振兴，乡风文明是保障。必须坚持物质文明和精神文明一起抓，提升农民精神风貌，培育文明乡风、良好家风、淳朴民风，不断提高乡村社会文明程度。"乡土文化传承与发展的重要性可窥一斑。

（一）政策支持与立法保护

制定和完善相关法律法规，明确乡土文化保护的责任主体、资金来源、保护措施等，为乡土文化的保护与传承提供法律保障。同时，政府应出台相关政策，鼓励社会各界参与乡土文化保护项目。

（二）挖掘文化经济价值

利用乡土文化的独特魅力，发展特色旅游、文创产业等，为乡村经济注入新的活力。例如，开发乡村旅游线路，举办文化节庆活动，吸引游客前来体验乡村文化。通过整合乡村文化资源，打造具有地方特色的文化品牌。这些品牌可以成为乡村的"名片"，提升乡村的知名度和影响力。同时，通过品牌运营，可以带动相关产业的发展，促进乡村经济的多元化。

（三）保护与传承乡土文化遗产

保护传统村落与古建筑，乡土文化的物质载体，如传统村落、古建筑等，是乡村历史与文化的直接体现。应加强对这些物质文化遗产的保护，防止其受到破坏或消失。传承非物质文化遗产，如民间音乐、舞蹈、戏曲、手工艺等，是乡土文化的重要组成部分。通过口传心授、师徒传承等方式，确保这些技艺得以延续。政府和社会资本应加大对传统手工艺人、非物质文化遗产代表性传承人的支持力度，通过资金补助、技艺培训、市场推广等方式，帮助他们维持生计，鼓励年轻一代学习并传承这些技艺。合理利用乡土文化资源发展乡村旅游，如打造特色民宿、举办文化节庆活动、开发文化旅游线路等，既能促进当地经济发展，又能让游客亲身体验和了解乡土文化，实现文化的活态传承。

（四）社区参与支持

弘扬乡土文化精神内核，乡土文化蕴含着丰富的精神内涵，如勤劳、朴实、团结等。通过教育、宣传等方式，弘扬这些精神内核，增强乡村居民的文化认同感和自豪感。鼓励社区居民积极参与乡土文化的保护与传承工作，形成"政府引导、社会参与、群众受益"的良好机制。通过社区自治组织、志愿者团队等形式，共同维护和发展本土文化。

（五）创新文化传播方式

利用现代媒体技术，如短视频、直播等，扩大乡土文化的传播范围。通过数字化手段，将乡土文化资源转化为数字资产，方便更多人了解和欣赏。在尊重和保护传统文化的基础上，融合现代设计理念，对乡土文化进行创意改造。例如，将传统手工艺与现代审美相结合，设计出既具有传统文化底蕴又符合现代审美的文化产品。

二、文化创意产业的培育与扶持

乡村文化创意产业的培育与扶持是推动乡村振兴、促进乡村经济繁荣和文化发展的重要举措。2022年，文化和旅游部、教育部、自然资源部、农业农村部、国家乡村振兴局、国家开发银行联合印发《关于推动文化产业赋能乡村振兴的意见》，把"文化引领、产业带动""农民主体、多方参与""政府引导、市场运作""科学规划、特色发展"作为基本原则，提出到2025年，文化产业赋能乡村振兴的有效机制基本建立，优秀传统乡土文化得到有效激活，乡村文化业态丰富发展，乡村人文资源和自然资源得到有效保护和利用，乡村一二三产业有机融合，文化产业对乡村经济社会发展的综合带动作用更加显著，对乡村文化振兴的支撑作用更加突出。

（一）建立健全相关政策，加强合作

政府应出台一系列优惠政策，如税收优惠、资金扶持等，鼓励和支持乡村文化创意产业的发展。制定和完善相关法律法规，为创意产业的健康发展提供坚实的法律保障。通过交流与合作实现资源共享和优势互补，推动乡村文化创意产业的跨区域发展。搭建多样化的合作平台，促进乡村文化创意产业的交流与合作。加强乡村基础设施建设，包括交通、通信等硬件设施的完善，以及公共服务、社会保障等软件环境的优化。为乡村文化创意产业的发展提供坚实的物质基础和社会保障。

（二）深入挖掘乡村文化资源

乡村文化资源是文化创意产业的根基。应全面普查和合理修复具有保护价值的古建筑、古遗址、艺术品等乡土文化遗产，以及传统工艺、民俗活动等非物质文化遗产。通过现代技术手段，如数字化技术，对乡土文化遗产进行记录和展示，让更多人能够身临其境地体验和学习。

（三）强化创意设计与创新

鼓励和支持将传统手工艺与现代设计、新材料、新技术相结合，开发具有乡土特色的文化创意产品，如手工艺品、家居装饰品、特色农产品包装等。推动文化资源、文化产业脱胎换骨、升级升华，形成具有区域影响力的乡村文化名片。建立相应的教育培训体系，培育乡村文化创意产业的专门人才。

吸引城市文化工作者、高校文化领域的专家学者、大学生、企业家等社会各界力量参与乡村文化创意产业的发展。塑造"一乡一品""一乡一艺""一乡一景"特色品牌，形成具有区域影响力的乡村文化名片。充分利用现代媒体手段，加大宣传力度，提高乡村文化创意产业的知名度和影响力。

综上所述，乡村文化创意产业的培育与扶持需要政府、企业和社会各方的共同努力。通过深入挖掘乡村文化资源、强化创意设计与创新、培育创意人才、政策支持、加强区域合作与交流、完善基础设施建设以及推动品牌化建设等措施，可以有效推动乡村文化创意产业的繁荣发展。

第四节 乡村生态环境治理与保护

乡村生态环境的治理与保护是乡村振兴战略的重要组成部分，它直接关系到乡村的可持续发展和农民的福祉。加强乡村环境治理与保护，可以有效解决乡村地区面临的环境污染、生态破坏等问题，改善乡村环境质量，打造美丽宜居的乡村环境。这有利于提升农民的生活质量，促进乡村社会和谐稳定，并为乡村经济发展提供良好的生态环境。

一、绿色发展理念的实施

（一）理念内涵

乡村绿色发展理念源于可持续发展理论，强调在满足当前需求的同时，不损害子孙后代满足其需求的能力。乡村绿色发展理念是一种强调在乡村发展过程中注重环境保护、资源节约和生态平衡的理念。它倡导经济、社会和环境的协调发展，注重在乡村发展过程中实现经济效益、社会效益和环境效益的有机统一。

（二）实施路径

1. 政策支持与保障

制定绿色发展的政策措施，政府应从顶层设计入手，制定一系列绿色发展的政策措施，确保各项工作有序推进。加大绿色技术推广力度，通过技术创新和推广，提高资源利用效率，实现经济与生态的双赢。强化依法治理机制，把绿色发展的理念转变为法律意志，用法律法规为推进生态环境治理和农业农村绿色发展提供坚实保障。

2. 发展绿色农业

推广有机农业，通过使用有机肥料和减少化学品投入，提高农产品的安全性和环保性。发展绿色农业，优化农业生产系统，提高农产品的产量和质量，同时保护农业生态环境。推广智慧农业，利用现代信息技术，实现农业生产的精准化、智能化和高效化，提高资源利用效率。发展生态产业，开发生态旅游景区，利用乡村丰富的生态自然资源，带动农村经济发展。推广生物质能利用技术，实现资源的循环利用，促进绿色产业发展。

3. 强化生态治理

实施农村人居环境整治行动，改善农村生态环境，建设美丽乡村。推广垃圾分类和资源化利用，减少环境污染，提高资源利用效率。建设农村污水处理设施，有效处理农村污水，提高水环境质量。

4. 建设生态文化

增强农村居民的生态环保意识，通过宣传教育，培养绿色生活方式和生态文明理念。开展生态文明宣传教育活动，利用网络平台、学校教育等多种渠道，传播生态文明理念。举办生态文化节活动，倡导节能减排、低碳出行等绿色生活方式，形成良好的环保习惯。

综上所述，乡村绿色发展理念是一种注重环境保护、资源节约和生态平衡的发展理念。通过实施绿色农业、生态治理、生态产业和生态文化建设等措施，可以推动乡村经济、社会和环境的协调发展，实现乡村振兴和生态文明建设的目标。

二、生态修复与环境保护项目

（一）项目背景与意义

随着城市化进程的加速，乡村地区面临着环境污染、生态破坏等严峻问题。这些问题不仅影响了乡村居民的生活质量，也制约了乡村经济的进一步发展。因此，实施乡村生态修复与环境保护项目，对于改善乡村环境、提升居民生活水平、推动乡村经济可持续发展具有重要意义。

（二）项目内容

乡村生态修复与环境保护项目主要包括以下五个方面。

（1）土壤修复。通过改良土壤结构、增加有机质含量等措施，恢复土壤肥力，提高农作物产量。同时，加强农药和化肥的合理使用，减少土壤污染。

（2）水体治理。加大河道清淤力度，治理农业和工业排水污染，保护水资源。通过建设污水处理设施、推广节水灌溉等措施，提高水资源的利用效率。

（3）植被恢复。通过植树造林、种草等方式，增加植被覆盖度，提高生态系统的稳定性和生物多样性。这有助于保持水土、净化空气、调节气候等。

（4）垃圾处理。推广垃圾分类和回收利用，减少垃圾对环境的污染。同时，加强垃圾处理设施的建设和管理，确保垃圾得到妥善处理。

（5）环境监测与执法。建立健全的环境监测体系，加强对环境质量的监测和评估。同时，加大环境执法力度，对违法行为进行严厉打击。

（三）项目案例

（1）越峰村生态修复项目。越峰村通过争取项目资金，开展河道生态治理建设，显著改善了沿岸生态环境和人居环境。同时，发展生态有机农业产业和生态文旅产业，实现了经济与生态的双赢。

（2）东仲都村乡村振兴合伙人制度。东仲都村通过政府引导、平台支持、市场运作等方式，引入社会资本参与乡村振兴。通过生态修复和人居环境整治，提升了村庄生态环境质量。同时，发展生态旅游和文创产业，实现了乡村经济的多元化发展。

（3）张庙村绿色生态富民产业项目。张庙村通过土地流转、合作社经营等方式，大力发展稻（藕）虾生态种养模式。这种种养模式不仅提高了农业产量和经济效益，还改善了生态环境。同时，加强垃圾分类和人居环境整治，提升了村庄整体环境水平。

（四）面临的挑战与解决方案

（1）资金短缺。乡村地区经济发展水平相对较低，资金短缺是制约项目实施的重要因素。解决方案包括加大政府财政投入、引导社会资本参与、争取上级部门支持等。

（2）技术瓶颈。生态修复和环境保护需要先进的技术支持。解决方案包括加强技术研发和推广、引进先进技术和管理经验等。

（3）环保意识不足。部分乡村居民对环境保护的意识不足，缺乏参与生态修复的积极性。解决方案包括加强宣传教育、增强居民环保意识、引导居民积极参与等。

案例分享

乡村合作社的运营模式创新

乡村生态修复与环境保护项目是实现乡村振兴的重要举措。通过加强土壤修复、水体治理、植被恢复、垃圾处理和环境监测与执法等措施，可以显著改善乡村生态环境质量。同时，通过引入社会资本、发展生态旅游和文创产业等方式，可以实现乡村经济的多元化发展。未来，应继续加大投入力度、加强技术研发和推广、提高居民环保意识等措施的实施力度，推动乡村生态修复与环境保护事业取得更大成就。

第四章　乡村金融与资本运作

第一节　乡村金融政策与法规解读

随着中国乡村振兴战略的深入推进，乡村金融作为支持农村经济发展的重要力量，其作用日益凸显。本节将对涉农金融政策进行梳理，并探讨相关法律法规对乡村金融发展的影响。

一、涉农金融政策的梳理

近年来，政府出台了一系列旨在促进农村金融发展的政策措施，这些政策不仅促进了农村金融服务体系的完善，也为农民提供了更加便捷、高效的金融服务渠道。几个关键领域的涉农金融政策如表 4-1 所示。

表 4-1　关键领域涉农金融政策

政策领域	主要内容	具体措施	目标与效果
普惠金融政策	确保金融服务能够覆盖所有群体，特别是偏远地区的农民	鼓励金融机构开展小额信贷业务、提供无抵押贷款等服务，建立信用评级系统	提高农户获得贷款的可能性，降低融资门槛，提升金融服务的可及性和便捷性
农业保险制度	建立较为完善的农业保险机制，减轻自然灾害对农民的影响	推广政策性农业保险（财政补贴）、开发商业性农业保险产品，优化理赔流程、再保险支持	减轻因灾害造成的经济损失，丰富保险种类，满足不同需求，提高理赔效率和准确性
金融科技应用	利用现代信息技术手段优化农村金融服务流程	在线支付（手机银行、第三方支付平台）、移动银行应用程序、大数据风控、区块链技术应用	提高金融服务效率，提供便捷的资金管理和交易以及更精准的信用评估，提高供应链透明度和可追溯性

（续表）

政策领域	主要内容	具体措施	目标与效果
农村产权制度改革	激活农村沉睡资产，增加农民财产性收入来源	推进土地承包经营权流转市场建设、宅基地使用权改革、农村集体产权制度改革	盘活土地资源、增加土地收益，发展乡村旅游民宿、农家乐等，量化集体资产到个人，分享增值收益
绿色金融支持	加大对生态环保项目的支持力度，助力美丽乡村建设	绿色信贷（低息贷款）、绿色债券发行，设立绿色投资基金，建立生态补偿机制	支持有机农业、清洁能源等项目，引导社会资本参与绿色发展，给予生态保护活动经济补偿

上述政策共同构成了当前我国乡村金融发展的基本框架，在此基础上各地根据实际情况制定更为具体的实施方案。

二、法律法规对乡村金融的影响

除了宏观层面的政策指导外，健全的法律体系也是保障乡村金融健康发展不可或缺的因素之一。以下是一些主要法律法规及其对乡村金融领域产生的积极影响。

（1）《中华人民共和国银行业监督管理法》。明确了相关管理机构对包括农村信用合作社在内的各类金融机构实施监管的具体职责范围及权限，有助于维护金融市场秩序稳定。

（2）《小额贷款公司监督管理暂行办法》。规范了小额贷款公司的设立条件、经营范围等内容，为这类专门为小微企业和个人提供融资服务的小额贷款机构创造了良好的运营环境。

（3）《征信业管理条例》。确立了个人信息保护原则以及征信信息采集使用的基本规则，对于构建公平透明的信用评价体系具有重要意义。

（4）中央一号文件。每年发布的中央一号文件都会围绕当年农业农村工作的重点任务提出新的指导意见，其中不乏涉及农村金融创新方面的内容。

（5）《中华人民共和国反洗钱法》。要求所有金融机构建立健全反洗钱内部控制制度，加强客户身份识别管理，有效防范非法资金流入流出农村地区。

（6）《中华人民共和国农民专业合作社法》。该法规鼓励和支持农民通过成立专业合作社来共同发展经济活动，包括金融服务。它为合作社成员提供了一种自我管理和自我服务的方式，并有助于促进农业生产和农村经济发展。

（7）《农村土地承包经营权流转管理办法》。这项法规促进了农村土地使用权的有效流转，使得农户能够更灵活地使用自己的土地资产进行抵押贷款等金融操作，从而增加了获得信贷的可能性。

（8）《中华人民共和国保险法》及相关规定。在农村地区推广农业保险、财产保险等多种形式的保险产品和服务，帮助农民抵御自然灾害和市场风险，提高了农民的抗风险能力。此外，《农业保险条例》专门针对农业保险进行了详细的规定。

（9）《关于进一步深化小微企业金融服务的意见》。虽然主要针对的是小微企业，但其中很多措施同样适用于农村地区的小微企业和个体经营者，比如简化开户流程、降低融资成本等，有利于改善这些主体获取金融服务的情况。

（10）《网络借贷信息中介机构业务活动管理暂行办法》。随着互联网技术的发展，在线P2P借贷平台逐渐兴起，成为连接资金供给方与需求方的新渠道之一。该办法旨在加强对这类新型金融机构的监管，确保其健康稳定运行，同时也为农村居民提供了更多元化的融资途径。

这些法律法规共同构成了一个较为完善的框架体系，从不同角度出发，既保护了农村金融市场的参与者权益，又促进了资源的有效配置，推动了整个行业的可持续发展。

第二节　乡村融资渠道与策略

在乡村振兴的大背景下，拓宽乡村融资渠道、创新融资模式对于推动农村经济发展至关重要。本节主要探讨政府资金与财政补贴的申请途径，以及如何引入社会资本并进行融资模式创新。

一、政府资金与财政补贴的申请

政府资金和财政补贴是乡村发展的重要资金来源之一。这些资金通常用于基础设施建设、农业产业升级、生态环境保护等关键领域。以下是一些主要的政府资金与财政补贴及其申请方法。

（1）中央和地方专项基金。如扶贫专项资金、农村基础设施建设资金等，这些资金由中央或地方政府设立，旨在支持特定领域的项目。

申请流程：通常需要提交详细的项目计划书、预算报告及相关证明材料；政府部门会组织专家评审，通过后即可获得资金支持。

（2）财政补贴。包括种粮直补、良种补贴、农机购置补贴等，旨在降低农业生产成本，提高农民收入。此外还有针对从事生态保护活动的农户给予经济补偿，鼓励其参与生态保护工作。

申请方式：一般通过当地农业农村部门或财政部门申请，需提供相关证明材料，经过审核后发放补贴。

（3）税收优惠。为支持农村企业发展，政府会出台一系列税收优惠政策，如增值税减免、所得税优惠等。

申请条件：企业需符合相关政策规定的条件，并向税务机关提交相应的申请材料。

（4）政策性贷款。国家开发银行、农业发展银行等政策性金融机构提供的低息贷款，用于支持农村基础设施建设和农业产业化项目。

申请程序：企业或合作社需要提交详细的项目计划书、财务报表等资料，经审批后可获得贷款支持。

二、社会资本引入与融资模式创新

除了政府资金外，引入社会资本也是乡村融资的重要途径。通过创新融资模式，可以更有效地吸引社会资本参与乡村建设与发展。主要的社会资本引入方式与融资模式如表4-2所示。

表4-2 社会资本引入方式及融资模式

融资模式	定义	主要优势	应用领域
PPP（Public-Private Partnership）模式	公私合作模式，是指政府与私人部门（如企业、金融机构等）之间的一种合作关系	能够有效结合公共部门的政策导向和社会资本的专业能力，从而提高项目的效率和质量	在基础设施建设方面，PPP项目可以涵盖道路与桥梁建设、供水与排水系统改善、电力供应网络升级以及通信设施扩展，这些都有助于提升农村地区的交通便利性和生活质量；在公共服务方面，PPP模式可以用于教育设施和医疗设施的建设和运营，提升农村地区的教育水平和医疗服务可及性
产业投资基金	乡村产业投资基金是一种由政府引导设立并吸引社会资本共同参与的投资基金，旨在支持农村地区的产业发展和经济建设	能够为乡村企业提供长期稳定的资金支持，并且在资金注入的同时带来管理经验和技术支持	在农业生产领域，基金可以支持高标准农田建设、现代农业园区开发以及有机农业项目；在农产品加工领域，基金可以投资于冷链物流设施、食品加工厂以及其他高附加值的农产品加工项目；在乡村旅游方面，基金可以用于旅游基础设施建设、特色民宿开发以及休闲农业项目的打造
众筹融资	众筹融资是一种通过互联网平台向公众募集资金的融资方式，通常用于支持特定项目或企业的发展	众筹融资的主要优势在于其灵活性和高效性，这种融资方式不仅能够快速筹集所需资金，还能通过网络平台扩大项目的影响力和知名度	在农业方面，众筹可以支持有机农场的建设、特色农产品的种植和加工，以及新型农业技术的研发；在乡村旅游方面，众筹可以用于民宿改造、生态旅游项目开发和文化体验活动的组织；在乡村基础设施建设方面，众筹可以支持小型水利设施、清洁能源项目和环保工程的建设

（续表）

融资模式	定义	主要优势	应用领域
供应链金融	供应链金融是一种基于产业链上下游企业之间的信用状况和交易关系，为中小企业提供融资服务的金融模式	能够有效缓解乡村中小企业的融资压力，并提升整个产业链的运作效率。通过核心企业的信用背书，金融机构对中小企业的贷款风险得以降低，使得这些企业更容易获得资金支持	在农业生产领域，供应链金融可以支持种子、化肥等农资采购，以及农机具的购置；在农产品加工领域，供应链金融可以用于原材料采购、生产线扩建和技术改造；在农产品销售领域，供应链金融可以帮助农民合作社和小型农业企业解决应收账款问题，加速资金回笼
绿色金融	绿色金融是指为支持环境改善、应对气候变化和促进资源节约高效利用的经济活动所提供的金融服务	能够推动乡村地区的可持续发展，同时带来经济效益和社会效益。通过为环保项目提供资金支持，有助于减少环境污染和生态破坏，提高资源利用效率	在农业生产方面，绿色金融可以支持有机农业、生态农业的发展，推广节水灌溉技术和生物农药的使用；在能源领域，绿色金融可以用于太阳能、风能等可再生能源项目的建设和运营，以及农村地区的电网改造升级；在生态环境保护方面，绿色金融可以资助退耕还林、湿地恢复、土壤改良等生态修复工程
股权融资	企业通过出让部分所有权（即股份）来吸引投资者，从而获得资金的一种融资方式。在乡村融资中，股权融资通常涉及农业企业、合作社或乡村创业项目向外部投资者（如风险投资公司、天使投资人或其他战略投资者）出售股份，以换取资金支持	能够为企业提供大量的长期资金支持，并且不需要立即偿还本金和利息，减轻了企业的财务负担。通过引入外部投资者，企业不仅可以获得所需的资金，还可以借助投资者的专业知识和行业经验，提升管理水平和市场竞争力	在现代农业领域，股权融资可以支持有机农场、高科技农业园区、智能温室等项目的建设和发展；在农产品加工方面，股权融资可以用于新建或扩建加工厂、引进先进的加工设备和技术；在乡村旅游开发中，股权融资可以资助特色民宿、农家乐、生态旅游项目等的建设和运营

第三节 乡村财务管理与风险控制

在乡村经济的发展过程中，有效的财务管理与风险控制是确保项目顺利实施和可持续发展的关键。本节将深入探讨预算编制与成本控制的方法，以及风险评估与防控机制的建立。

一、预算编制与成本控制

预算编制是乡村经济项目成功的关键步骤之一，是指在项目或经营活动开始之前，根据预期目标和资源状况制定详细的财务计划。这包括收入预测、支出预算和资金安排等。收入预测通常基于市场调研和历史数据分析，考虑宏观经济因素和政策变化对收入的影响。支出预算则详细列出所有直接成本（如原材料、人工）和间接成本（如管理费用、折旧），以及资本支出和应急准备金。资金安排方面，需要确定资金的筹集渠道（如自有资金、银行贷款、政府补助、社会资本等），并制定详细的月度或季度资金使用计划，确保各阶段的资金需求得到满足。

成本控制是项目管理中不可或缺的一环，它涉及在项目的整个生命周期内采取一系列的管理措施和技术手段来监督和调整各项费用，确保最终的实际支出能够保持在预定的预算范围内。有效的成本控制不仅有助于防止资金浪费，还能保证资源被合理分配到最需要的地方，从而提高项目的整体效率。

（1）零基预算法。一种从零开始编制预算的方法论。与传统的基于以往年度预算基础上进行增减调整的方式不同，零基预算法要求每个部门或项目都必须证明其所有开支都是必要的。这意味着每项费用都需要经过仔细审查，以确定其是否真正服务于组织的目标。这种方法有助于消除无效或过时的支出项目，促进更高效的资金利用。

（2）滚动预算法。提供了一种更为动态的预算编制方式。根据这种方法，企业会定期（如每月、每季度）更新其预算计划，而不是仅仅依赖于年初制定的一次性年度预算。这种方式的好处在于可以更好地适应外部环境变化以及内部业务发展的需要，使预算始终保持相关性和灵活性。

（3）标准成本法。侧重于通过事先设定的成本基准来进行成本管理。这些标准值通常基于历史数据及预期生产条件等因素综合考量后得出。通过对实际发生的成本与预设的标准成本进行比较分析，管理者可以快速识别出成本超支的问题所在，并据此采取相应措施加以解决。这不仅有助于持续改进流程效率，还能够为企业带来长期的成本节约效益。

（4）作业成本法。一种进一步细化的成本计算方法，将注意力集中在具体的工作活动上。通过追踪和支持特定产品或服务的所有相关活动，作业成本法能够更加准确地分配间接成本至各个成本对象。这样做不仅可以揭示隐藏的成本动因，还有助于优化资源配置，推动成本结构的合理化。

此外，定期编制的成本控制报告也是实施有效成本管理的重要工具之一。这类报告通常包含对当前财务状况的全面评估，包括但不限于收入情况、成本发生额及其与原定预算之间的差异等信息。通过对这些数据的深入剖析，管理层可以获得关于成本控制表现的关键洞察，并据此制定出切实可行的改进建议。这种持续性的监控机制对于确保项目按照既定目标顺利推进具有重要意义。

二、风险评估与防控机制

风险评价通常采用风险矩阵，将风险按发生概率和影响程度分类，便于直观地评估和排序，并确定各类风险的优先级。风险应对策略包括风险规避、减轻、转移和接受。风险规避是通过改变项目计划或设计，彻底消除风险源；风险减轻是采取措施降低风险发生的概率或影响程度；风险转移是通过合同条款、保险等方式将风险转移给第三方；风险接受则是对于无法完全消除或转移的风险，制定应急预案，做好应对准备。

风险监控则通过定期评估和实时监控，确保风险得到有效管理和控制。定期评估的工作是动态更新风险清单和应对措施，实时监控则是利用信息系统和技术手段，监测关键指标和风险因素的变化。预警机制在监测到风险指标达到预设阈值时自动触发警报，提醒相关人员采取行动。详细的应急预案包括紧急联系人、资源配置、操作流程等，以便在风险发生时迅速响应。

通过有效的预算编制与成本控制，以及系统的风险评估与防控机制，乡村企业和项目能够更好地管理财务资源，降低运营风险，实现可持续发展。这不仅有助于提高项目的成功率，还能增强投资者的信心，吸引更多的社会资本参与乡村建设与发展。

第四节　乡村资产管理与资产证券化

在乡村振兴战略中，有效的资产管理与资本运作对于提升农村经济活力、促进资源优化配置具有重要意义。本节将探讨乡村资产的评估与管理方法，以及通过资产证券化等方式进行资本运作的案例。

一、资产评估与管理

（一）定义

乡村资产管理是指对乡村地区的各类资产（如土地、房屋、设备、知识产权等）进行有效管理和利用的过程。资产评估则是指对这些资产的价值进行科学、客观的评定，为资产的合理配置和高效使用提供依据。

（二）主要内容及应用方法

（1）资产分类。对乡村资产进行分类，包括有形资产（如土地、房屋、机械设备等）和无形资产（如品牌、专利、特许经营权等）。明确各类资产的特点和价值属性。

（2）资产清查。进行全面的资产清查，建立详细的资产台账，记录每项资产的位置、数量、状态等信息。确保所有资产都在账目上得到准确反映。

（3）资产评估。采用市场法、成本法、收益法等多种评估方法，综合考虑资产的历史成本、重置成本、市场价值等因素，确定资产的公允价值。例如，对于土地资产，可以参考周边类似地块的交易价格；对于机械设备，可以考虑其折旧情况和剩余使用寿命。

（4）资产管理。制定合理的资产管理策略，包括资产的维护保养、更新改造、租赁出售等。确保资产处于良好状态，并最大化其经济效益。例如，定期对农业机械进行检修保养，延长使用寿命；合理规划土地使用，提高土地利用率。

（5）资产监控。建立资产监控系统，实时跟踪资产的状态和使用情况，及时发现并解决问题。通过信息化手段，如资产管理软件，提高管理效率和透明度。

（三）应用案例

1. 农村土地资产管理

某村集体通过土地确权登记，明确了土地的所有权和使用权。随后，该村集体将部分闲置土地出租给农业科技公司，用于建设现代农业园区，既增加了村集体收入，又促进了当地农业产业升级。

第一步，土地确权登记。

村集体通过政府的土地确权登记项目，对全村的土地进行了详细的测量和登记，明确了每块土地的所有权和使用权。确权过程中，村集体还解决了部分历史遗留的争议问题，确保了土地权属的清晰和稳定。

第二步，闲置土地识别。

在确权登记的基础上，村集体对全村的土地使用情况进行了全面梳理，发现有部分土地因地理位置偏远或耕作条件不佳而长期闲置。这些闲置土地不仅没有产生经济效益，还影响了整体土地利用效率。

第三步，合作洽谈。

村集体积极寻求合作伙伴，最终与一家农业科技公司达成合作协议。该公司计划在这些闲置土地上建设一个现代化农业园区，包括智能温室、有机农场和农产品加工中心。双方签订了长期租赁合同，明确了租金标准、支付方式以及双方的权利和义务。

第四步，现代农业园区建设。

农业科技公司在租赁的土地上投资建设了现代化农业设施,引入了先进的种植技术和管理模式。园区采用物联网技术进行精准灌溉和环境监测,提高了农作物的产量和质量。园区内还设立了农产品加工车间,实现了从田间到餐桌的一体化生产。

案例经济效益和社会效益分析

通过土地出租,村集体每年获得了稳定的租金收入,显著增加了集体经济收益。现代农业园区的建设不仅提供了大量的就业机会,还吸引了周边村民参与农业生产和技术培训,提升了他们的技能水平。园区生产的高品质农产品在市场上受到欢迎,带动了当地农业产业的整体升级,形成了良好的示范效应。

2. 老旧房屋资产管理

某乡镇政府对辖区内老旧房屋进行了全面清查,并委托专业机构进行评估。根据评估结果,政府决定对部分房屋进行修缮改造,将其转化为乡村旅游民宿,吸引了大量游客,带动了当地旅游业的发展。

第一步,房屋清查与评估。

乡镇政府组织专门团队对辖区内的老旧房屋进行全面清查,记录了每栋房屋的位置、面积、结构状况等信息。委托专业的资产评估机构对这些房屋进行了详细评估,确定了房屋的市场价值和潜在用途。

第二步,改造规划。

根据评估结果,政府制定了详细的房屋改造规划,选择了具有历史文化价值和良好地理位置的部分老旧房屋进行修缮改造。改造方案包括结构加固、外观修复、内部装修以及配套设施建设(如停车场、休闲区等)。

第三步,资金筹集。

政府通过多种渠道筹集改造资金,包括申请上级财政补助、引入社会资本和地方企业投资等。部分资金还可以通过发行地方债券等方式筹集,确保改造项目的顺利推进。

第四步,改造实施。

政府与多家建筑公司合作,按照改造规划逐步实施房屋修缮工作。修缮过程中注重保留原有建筑的历史风貌,同时融入现代设计理念,使房屋既具有传统特色又符合现代居住需求。完成修缮的房屋被改造成风格各异的乡村旅游民宿,配备了现代化的设施和服务。

第五步,运营与推广。

改造后的民宿由专业的运营管理公司负责日常运营,提供高标准的服务和体验。政府联合旅游部门开展了多渠道的宣传推广活动,通过线上线下相结合的方式吸引游客。民宿项目不仅为当地居民提供了新的就业机会,还带动了周边餐饮、手工艺品等相关产业的发展。

案例经济效益和社会效益分析

民宿项目的成功运营带来了显著的经济效益，增加了地方财政收入和居民收入。游客的到来促进了当地文化的传播和交流，提升了乡镇的知名度和影响力。通过盘活老旧房屋资产，乡镇政府不仅改善了居民的生活环境，还推动了乡村旅游和相关产业的发展，形成了可持续发展的良性循环。

通过上述两个案例分析，可以看出有效的资产管理不仅能够提升乡村地区的经济活力，还能带来显著的社会效益。这为乡村振兴战略的实施提供了有力的支持。

二、资产证券化及相关案例

（一）定义

资产证券化是一种金融技术，它将缺乏流动性但能够产生可预见现金流的资产转换为可以在金融市场自由买卖的证券。通过这种转换，资产的原始所有者可以提前获得资金，而投资者则可以通过购买这些证券来获取未来现金流的一部分。

（二）主要步骤

（1）资产池构建。选择具有稳定现金流的资产（如贷款、租金收入等）组成资产池。

（2）设立特殊目的载体。创建一个独立的法律实体，通常称为特殊目的载体（Special Purpose Vehicle, SPV）或特殊目的实体（Special Purpose Entity, SPE），用于持有和管理资产池。

（3）信用增级。为了提高证券的信用评级，可能会采取一系列措施，如设立优先/次级结构、提供信用担保等。

（4）证券发行。通过 SPV 发行不同级别的证券，如优先级和次级证券，以满足不同风险偏好投资者的需求。

（5）现金流管理。设立专门账户管理和分配来自资产池的现金流，确保按时支付给证券持有人。

（6）证券销售。将发行的证券出售给投资者，包括机构投资者和个人投资者。

（三）应用案例

1. 农田租金资产证券化

某农业合作社拥有大面积农田，每年通过出租农田获得稳定的租金收入。该合作社希望通过资产证券化的方式，利用未来几年的租金收入筹集更多资金，用于扩大生产规模和引进先进农业技术。

第一步，资产池构建。

合作社选择了未来五年的农田租金收入作为基础资产。这些农田主要种植小麦、玉米等农作物，租金收入具有较高的稳定性和可预测性。

第二步，信用增级。

合作社与一家金融机构合作，设立了优先/次级结构，优先级证券享有更高的偿付优先权。金融机构还为该项目提供了部分信用担保，进一步提高了证券的信用等级。

第三步，证券发行。

通过设立 SPV，合作社将未来五年的租金收入打包成资产池，并通过 SPV 发行资产支持证券。证券分为优先级和次级两个级别，以满足不同风险偏好的投资者需求。优先级证券获得了较高的评级，吸引了大量机构投资者和个人投资者的关注。

第四步，现金流管理。

设立了专门的现金流管理账户，负责收集和管理农田租金收入。现金流按照合同约定，优先支付优先级证券持有人的本金和利息，剩余部分再分配给次级证券持有人。

第五步，资金用途。

通过资产证券化，合作社成功筹集了大量资金。这些资金被用于购置新的农业机械、建设现代化仓储设施以及引进先进的灌溉系统，大幅提升了农业生产效率和产品质量。

2. 乡村旅游门票收入资产证券化

某乡村旅游景区每年吸引大量游客，门票收入可观。当地政府希望通过资产证券化的方式，利用未来几年的门票收入筹集更多资金，用于景区的升级改造和宣传推广，进一步提升景区的知名度和吸引力。

第一步，资产池构建。

当地政府选择了未来三年的门票收入作为基础资产。该景区以其独特的自然风光和丰富的文化活动而闻名，门票收入具有较高的稳定性和增长潜力。

第二步，信用增级。

当地政府与一家投资银行合作，设立了优先/次级结构，并引入了第三方保险公司提供部分信用担保。优先级证券享有更高的偿付优先权，从而吸引了更多的低风险偏好投资者。

第三步，证券发行。

通过设立 SPV，地方政府将未来三年的门票收入打包成资产池，并通过 SPV 发行旅游门票收入支持证券。证券分为优先级和次级两个级别，优先级证券获得了较高的评级，吸引了大量机构投资者和个人投资者的关注。

第四步，现金流管理。

设立了专门的现金流管理账户，负责收集和管理门票收入。现金流按照合同约定，优先支付优先级证券持有人的本金和利息，剩余部分再分配给次级证券持有人。

第五步，资金用途。

通过资产证券化，景区成功筹集了大量资金。这些资金被用于景区的基础设施升级，包括新建停车场、改善道路条件、增设游客服务中心等。部分资金还被用于景区的宣传推广，通过多种渠道提升景区的知名度和吸引力，吸引更多游客前来参观。通过这些改进措施，景区不仅提升了游客体验，还进一步推动了当地旅游业的发展，带动了周边餐饮、住宿等相关产业的增长。

通过上述两个案例分析，可以看出资产证券化作为一种创新的融资方式，能够有效盘活乡村地区的存量资产，引入外部资金，促进经济和社会的发展。这不仅有助于提升乡村地区的整体竞争力，还能为乡村振兴战略的实施提供强有力的支持。

随着中国乡村振兴战略的深入推进，乡村金融在支持农村经济发展中的作用日益凸显。政府出台了一系列政策措施，如普惠金融政策、农业保险制度和金融科技应用等，旨在完善农村金融服务体系，提高农户获得贷款的可能性，并通过绿色金融支持美丽乡村建设；同时，健全的法律体系为乡村金融健康发展提供了坚实保障，包括《中华人民共和国银行业监督管理法》维护金融市场秩序，《小额贷款公司监督管理暂行办法》规范小额贷款公司的运营环境，《征信业管理条例》构建公平透明的信用评价体系等。除了政府资金和财政补贴外，引入社会资本也是关键，PPP模式、产业投资基金、众筹融资、供应链金融和绿色金融等多种创新融资方式被广泛应用于基础设施建设和产业发展中。有效的财务管理与风险控制是确保项目顺利实施的基础，采用零基预算法、滚动预算法、标准成本法以及作业成本法等方法可以更好地管理财务资源，同时建立系统的风险评估与防控机制对于降低运营风险至关重要。通过对乡村资产进行科学管理和有效利用，如土地出租给农业科技公司、老旧房屋改造为乡村旅游民宿等方式，不仅提升了经济效益，也促进了社会文化发展，而资产证券化作为一种创新手段，能够盘活存量资产，引入外部资金，推动经济持续增长。未来，乡村金融将继续通过数字化转型、绿色可持续发展、多元化融资渠道、强化风险管理能力及人才培养与知识共享等方式，为中国乡村振兴战略提供强有力的支持。

乡村金融创新的实践探索

第五章 乡村品牌建设与市场营销

第一节 乡村品牌策划与定位

乡村品牌策划与定位是指通过对乡村独特的文化、资源、历史和自然环境的深入挖掘，结合市场趋势和消费者需求，为乡村品牌制定一个清晰、独特的市场定位，从而在竞争激烈的市场中脱颖而出，塑造品牌形象，提升品牌价值。

在乡村品牌策划与定位过程中，首先需要对乡村的内在价值进行系统性的梳理和挖掘。这包括但不限于以下三个方面：①文化资源，挖掘乡村的历史文化故事、传统艺术、民间传说等，将这些文化资源转化为品牌故事，赋予品牌丰富的文化底蕴；②自然资源，分析乡村的自然景观、生态环境、特色农产品等，将这些自然资源转化为品牌特色，提升产品的品质和附加值；③市场调研，通过对目标市场的调研，了解消费者的需求和偏好，以及竞争对手的优劣势，为乡村品牌确定合适的市场定位。

例如，坐落于云南昭通地区的某少数民族村庄，拥有秀美的山水风光、独特的民族文化和丰富的农业资源。在乡村品牌策划与定位过程中，可以采取以下三个步骤：①挖掘文化资源，发现这个乡村拥有多个民族居住，每个民族都有自己独特的文化习俗和手工艺品，策划团队可以组织一系列文化活动，如民族音乐节、手工艺品展销会等，将这些文化元素融入乡村品牌中；②自然资源整合，该乡村周围风景秀丽，还有特色农产品，如有机蔬菜、茶叶等，策划团队可以与当地政府和企业合作，将这些自然资源整合为一系列特色旅游产品和农产品品牌；③市场定位，经过市场调研，发现消费者对于具有民族特色和生态健康的旅游和农产品有很高的需求。因此，乡村品牌可以定位为"生态民族特色旅游目的地"和"绿色健康农产品供应者"。

通过这样的定位，乡村品牌在市场上形成了鲜明的特色，吸引了大量游客和消费者，促进了当地经济的发展。

一、品牌故事与形象塑造

本节内容旨在深入探讨如何打造一个反映乡村特色和文化的品牌故事，通过分析乡村的历史、文化和自然资源，提炼出独特的核心价值。这一过程涉及挖掘乡村的文化根源和精神追求，评估自然优势，并将这些价值转化为生动的视觉和情感元素。通过创意设计将核心价值融入品牌标志、包装和广告中，同时运用情感营销策略讲述故事，与消费者建立情感联系，从而塑造一个既具有地方特色又符合目标市场需求的品牌形象，使品牌在市场中独树一帜，并传承乡村的文化遗产。

（一）挖掘乡村的根与魂——核心价值提炼

1. 历史文化的传承

乡村，宛如一条静静流淌的时光之河，它承载着人类文明的厚重历史和丰富文化积淀。在这片广袤的土地上，每一座村落都像是一本厚重的史书，记录着岁月的流转和变迁；每一处建筑，无论是石砌的墙垣、木雕的窗棂，还是青砖铺就的小巷，都诉说着过往的故事和传说；每一项传统技艺，从古老的编织、陶艺到独特的剪纸、刺绣，都是乡村历史文化传承的生动见证。

在着手构建乡村品牌故事之前，我们必须进行一场深入的挖掘之旅。这不仅仅是对历史文献的查阅，更是对乡村每一寸土地、每一棵树木、每一滴泉水的细细品味。我们要穿越历史的烟云，去触摸那些古老的传说，去聆听那些被时光遗忘的故事，去感受那些代代相传的智慧与技艺。

在这个过程中，要学会提炼，从那些看似平凡的历史文化遗产中，挖掘出能够代表乡村精神的核心价值。这些价值可能是对自然的敬畏，对传统的尊重，对生活的热爱，也可能是对和谐的追求，对创新的渴望。它们是乡村的灵魂，是品牌故事的基石，是连接过去、现在和未来的桥梁。例如，一个以农业为特色的乡村，其核心价值可能在于"土地的恩赐"和"自然的馈赠"，强调的是与土地的和谐共生和对自然资源的珍惜利用。而一个以手工艺闻名的乡村，其核心价值可能在于"匠心独运"和"文化传承"，凸显的是对手工艺的精湛技艺和对传统文化的坚守。只有通过这样的深入挖掘和提炼，我们才能构建出一个真实、生动、具有感染力的乡村品牌故事，让这个品牌不仅仅是一个商业符号，更是一个承载着深厚文化底蕴和精神价值的象征，从而在消费者的心中种下深刻的印象，激发他们对乡村的向往和探索。

以云南昆明小渔村为例，其历史悠久，渔文化深厚。村中的古渔村遗址、古老的渔船模型、渔民的传统服饰等，都是构建品牌故事的重要素材。通过这些历史元素，提炼出"传承与创新"的核心价值，强调乡村在历史长河中的坚守与时代发展的融合。

小渔村坐落于昆明市晋宁区上蒜镇，是一个承载着深厚历史底蕴的古村落。从历史文化传承的角度来看，小渔村的文化价值体现在以下七个方面：①悠久的渔业历史，小渔村世代以渔业为生，其历史可以追溯到500多年前，这里的居民生活与滇池的渔业文化紧密相连，形成了独特的渔村生活方式和传统；②和谐共生的自然环境，小渔村位于滇池东南岸边，依山傍水，自然环境得天独厚，村民与自然和谐共处，这种共生关系体现了人与自然和谐共生的历史文化理念；③传统的建筑风格，村中的民居建筑保留了传统的建筑风格，如赭黄色外墙、泥土混合螺蛳筑墙，以及钢架加竹格栅的装饰，这些都是传统建筑技艺和审美观念的传承；④特色的渔村文化，小渔村通过举办"渔夫文化节"等活动，展示了渔村文化的独特魅力，包括渔船、鱼篓、鱼笼等传统渔具，以及与之相关的民间艺术和习俗；⑤生态保护意识，随着近年来对滇池环境的整治和美丽乡村建设，小渔村的环境得到了改善，体现了对自然环境的尊重和保护，这是对传统生态智慧的现代传承；⑥传统工艺的传承，通过扎染、插花等文创手工项目，小渔村不仅保留了传统工艺，还使之与现代社会相结合，为游客提供了体验传统工艺的机会；⑦文化与旅游的融合，小渔村通过发展特色旅游，如户外露营、稻草人公园等，将传统文化与现代旅游相结合，实现了文化的活化和传承。

总之，小渔村作为滇池岸边的一颗明珠，其历史文化传承体现在对传统生活方式的尊重、对自然环境的保护、对传统建筑和工艺的保留，以及对文化与旅游的创新发展上。这些努力使得小渔村不仅成了一个历史文化的载体，也成了展示和传承地方特色的重要窗口。

2. 自然资源的独特性

乡村，这个充满诗意的词汇，背后蕴藏着丰富的自然景观和深厚的文化底蕴。乡村自然环境蕴含着独特的地理特征和丰富资源，如温泉、山川、湖泊等，这些不仅是乡村品牌故事的核心元素，更是养生与健康价值的源泉。这些自然资源的评估与挖掘对于乡村品牌定位至关重要，如打造"养生温泉乡村"或"生态旅游乡村"。独特的地理特征，丰富的自然资源，养生与健康的价值，文化传承的载体，以及生态旅游的潜力，共同构成了乡村的魅力。通过设计特色旅游产品，结合文化传承与生态保护，乡村不仅能够提供休闲疗愈体验，还能推动可持续发展。同时，鼓励社区参与，提升村民生活水平，共同塑造乡村品牌形象，实现经济效益与文化传承的双赢。

3. 自然资源的价值

（1）独特的地理特征。乡村的自然环境往往具有独特的地理特征，如山川、湖泊、森林、农田等，这些地理特征构成了乡村的自然景观，是吸引游客的重要因素。

（2）丰富的自然资源。地热资源、水资源、生物资源等，这些资源为乡村的产业发展提供了强大的支持。地热资源中，温泉尤为引人注目，温泉水质优良，富含多种对人体有益的矿物质，具有健康养生的价值。泡温泉既能放松身心，又能舒缓疲劳，成为游客们向往的休闲方式。水资源方面，清澈的溪流、湖泊，为乡村提供了丰富的水资源，为农业、渔业等产业发展提供了保障。生物资源方面，丰富的植被和动物种类，为乡村的生态旅游提供了丰富的素材。

（3）养生与健康价值。乡村地区远离城市污染，农产品多采用有机或自然种植方式，无污染且营养价值高，新鲜的水果、蔬菜和谷物富含维生素、矿物质和膳食纤维，有助于维持身体健康。生态农业的发展不仅保护了生态环境，还提供了安全健康的农产品。休闲农业活动如农家乐、采摘园等，让游客在享受田园风光的同时，参与农事活动，身心得到放松，有助于身心健康。

（4）生态旅游潜力。乡村的自然环境为生态旅游提供了良好的条件。游客可以在这里徒步、骑行、观鸟、摄影，感受大自然的魅力。生态旅游的发展，不仅有助于保护乡村的自然环境，还能推动乡村经济的可持续发展。通过生态旅游，乡村可以实现经济效益、社会效益和环境效益的和谐统一。

4. 自然资源的挖掘

在深入挖掘乡村自然资源的过程中，首先对乡村的自然环境进行详尽的资源评估，涵盖地热、水、生物等多种资源，明确其种类、分布、品质及潜力。据此，为乡村量身定制品牌定位，如"养生温泉乡村""生态旅游乡村"，以突出其特色。然后，结合乡村的自然环境与资源，精心策划特色旅游产品，如温泉疗养、水上娱乐、森林探险等，旨在让游客在享受自然美景的同时，也能体验深厚的乡村文化。同时，深入挖掘乡村的历史文化，将其与自然环境融为一体，打造富有文化深度的旅游体验。生态保护是开发旅游资源时的重中之重，确保乡村自然环境得到可持续利用。倡导绿色旅游理念，通过科学规划和严格管理，实现旅游业的可持续发展。此外，积极鼓励当地社区参与乡村旅游业的发展，让村民成为旅游业的直接受益者。通过提供培训和就业机会，提升村民的生活质量和技能，增强他们对乡村旅游业发展的认同感和参与度。

乡村的自然环境蕴含着巨大的价值与潜力。通过科学合理的资源挖掘与利用，乡村能够将独特的自然资源转化为经济发展的新动力，同时保护和传承乡村的文化遗产，使之成为人们向往的旅游目的地。这一过程中，要注意以人为本，注重生态保护，推动旅游业与乡村振兴战略的有机结合，实现经济、社会和生态的和谐共赢。

5. 民俗风情的魅力

乡村的民俗风情是品牌故事中不可或缺的一部分，它们是历史的见证，是文化的传承，也是塑造品牌形象的重要资源。通过深入挖掘和巧妙运用，可以将这些独特的文化资源转化为品牌的核心竞争力，让乡村在激烈的市场竞争中脱颖而出，成为人们向往的旅游目的地。

例如福建省宁德市柘荣县[①]，以剪纸艺术著称，这里的剪纸技艺精湛，图案丰富，每一幅作品都蕴含着浓厚的民间风情和地方特色。剪纸，这门古老的艺术，在这里得到了传承和发扬，成为乡村文化的一张亮丽名片。在这个乡村，剪纸不仅仅是一种技艺，更是一种生活方式。村民们将剪纸融入日常生活，从窗花、门神到服饰、家具，剪纸艺术无处不在。这种将艺术与生活紧密结合的方式，成为乡村品牌故事的核心价值——"艺术与生活"。为了更好地塑造品牌形象，乡村围绕剪纸艺术展开一系列活动。比如，举办剪纸艺术节，邀请国内外剪纸艺术家交流学习，展示剪纸艺术的魅力；开展剪纸技艺培训，让更多人了解和掌握这门传统技艺；打造剪纸主题旅游线路，吸引游客前来体验剪纸文化的独特魅力。同时，乡村还将剪纸艺术与地方特色美食相结合，推出一系列具有地方特色的剪纸美食。这些美食不仅美味可口，更蕴含着丰富的文化内涵，成为游客体验乡村民俗风情的好去处。在品牌故事的传播过程中，注重挖掘民俗风情的内涵，将传统与现代相结合，打造出具有时代特色的品牌形象。通过举办各类民俗活动、推广民间艺术、传承地方特色美食等方式，让更多人了解和喜爱乡村的民俗风情，从而提升乡村品牌的知名度和美誉度。

（二）创意设计与情感共鸣——品牌故事构建

1. 故事叙述的创意

品牌故事的构建是一项充满创意的系统工程，它旨在将乡村的历史、文化、自然资源和民俗风情巧妙地编织成引人入胜的叙述。首先，挖掘历史深度是关键，通过讲述乡村历史上的英雄、发明家、艺术家的故事，以及战争、自然灾害和节日等重大事件，故事不仅增强了真实感和历史厚重感，也展现了乡村的历史变迁和人物精神。

文化内涵的展现同样重要，乡村的传统节日庆祝和民间艺术的传承，如剪纸、刺绣、陶艺等，不仅体现了乡村的文化习俗和民族特色，也讲述了艺术家如何将这些艺术形式传承并创新发展。地理特色的描述和季节变化的叙述，则将乡村的自然景观和生活的节奏生动地呈现在读者面前。

民俗风情的融入进一步丰富了故事，通过参与庙会、集市、民间舞蹈等传统活动，以及使用地方语言，增添了故事的地域特色和亲切感。人物关系的描绘和生活情感的渲染，如对家乡的热爱和对生活的乐观，触动了观众的情感共鸣。

在品牌价值的体现上，故事融入了可持续发展的理念，强调生态保护和资源循环利用，提升了品牌的社会责任感。同时，弘扬地方特色，如特色农产品和手工艺品，展示了乡村的经济活力和文化自信。通过这些元素的融合，品牌故事不仅吸引了消费

---

① 案例来源：靴岭尾——剪纸"非遗"剪出传统村落之美（https://baijiahao.baidu.com/s?id=1787347158785970734&wfr=spider&for=pc）。

者的注意力，还传递了乡村的品牌价值，增强了品牌的市场竞争力，并在消费者心中塑造了独特的品牌形象。

2. 情感元素的融入

情感是品牌故事与消费者建立深厚联系的基石。在讲述品牌故事时，巧妙融入亲情、友情、爱情和对家乡的眷恋等情感元素，能够触动消费者的心弦，激发共鸣。亲情故事中，家庭成员的温馨互动传递出家的温暖，让消费者在商品中感受到安全感；友情故事则跨越界限，通过朋友间的忠诚与互助，激发消费者的同理心。爱情元素则唤起浪漫情怀，让消费者在品牌中找到美好生活的向往。对家乡的眷恋则唤起共同记忆，增强消费者的认同感和归属感。

品牌故事还可以通过挑战与克服的叙事，展现品牌的坚韧和毅力，激发消费者的敬佩之情。感恩与回馈的行动，如公益活动、环保措施，提升品牌正面形象，增强好感。同时，描绘品牌如何帮助消费者实现梦想或追求目标，激发积极情绪，建立积极的情感联系。怀旧元素也是品牌故事中不可或缺的一部分，通过回忆过去的美好时光，唤起消费者的共同记忆，让品牌成为怀旧情感的寄托。总之，品牌故事通过这些情感元素的融合，不仅吸引消费者注意力，更传递品牌价值，增强市场竞争力，让消费者在情感共鸣中建立起对品牌的忠诚与喜爱。

（三）视觉与情感——品牌形象塑造

1. 视觉元素的设计

品牌形象的视觉设计是塑造品牌形象的关键步骤，它不仅是传递品牌信息的第一步，更是消费者对品牌的第一印象。在设计过程中，以下几个方面的拓展尤为重要。

（1）乡村特色融入。乡村特色是视觉设计中的一大亮点，它能够迅速吸引目标消费者的注意。设计时应充分考虑乡村的自然景观、人文风情和传统工艺，将这些元素巧妙地融入品牌视觉系统中。例如，使用乡村特有的自然风光作为背景，或是将传统图案如剪纸、刺绣等作为品牌标志或包装设计的一部分。

（2）色彩运用。色彩在视觉设计中具有强烈的情感表达力。乡村色彩通常以自然、柔和、温馨为主，如大地色、植物绿、天空蓝等。这些色彩能够唤起人们对乡村生活的美好联想，从而加深品牌与消费者之间的情感联系。

（3）符号与图案。乡村文化中蕴含着丰富的符号和图案，如农耕工具、动植物形象、传统节日装饰等。这些符号和图案不仅具有文化内涵，而且易于识别和记忆。在品牌设计中，可以将其作为视觉识别系统的核心元素，增强品牌的独特性和文化底蕴。

（4）材质与质感。乡村材质往往具有天然的质感和温度，如木材、石头、竹子等。在品牌视觉设计中，可以采用这些材质的纹理或质感，为品牌形象增添一份自然和亲切感。

（5）字体设计。字体是视觉设计中的另一个重要元素。乡村风格的字体设计应避免过于现代和复杂，而是选择简洁、粗犷或具有手写感的字体，以体现乡村的原始和质朴。

（6）摄影与图像处理。乡村风景摄影可以捕捉到自然、真实、生动的画面，这些图像在品牌视觉设计中能够有效地传达品牌理念。同时，通过图像处理技术，可以增强图像的情感表达力，使之更加符合品牌形象的要求。

（7）动态视觉元素。在数字媒体和社交媒体日益普及的今天，动态视觉元素如动画、视频等成为品牌形象塑造的重要手段。乡村动态视觉元素可以包括乡村生活场景的动画、传统手工艺的制作过程等，这些元素能够更加生动地展现乡村特色，吸引消费者的注意力。

2. 情感元素的传达

品牌形象的塑造不仅仅是视觉上的呈现，更是情感上的传达。在乡村品牌形象的设计中，传达温暖、亲切、自然等情感元素至关重要。

（1）情感共鸣的构建。品牌形象设计应旨在构建与消费者之间的情感共鸣。通过描绘乡村生活的温馨场景，如家庭团聚、邻里互助等，可以唤起消费者对家的思念和对乡村生活的向往。这种情感共鸣有助于建立品牌与消费者之间的情感联系，增强品牌的亲和力。

（2）故事叙述。情感元素的传达可以通过故事叙述来实现。品牌可以讲述一个关于乡村的故事，比如一个关于传统手工艺传承、自然环境保护或社区发展的故事。这样的故事不仅能够传递品牌的价值观念，还能够激发消费者的情感投入。

（3）符号化情感表达。在品牌形象中，可以使用特定的符号来代表情感。例如，使用心形图案来象征关爱和温暖，使用绿叶来代表自然和生机。这些符号化的元素能够快速传达品牌想要表达的情感。

（4）色彩情感学。色彩在情感传达中扮演着重要角色。乡村品牌可以运用暖色调如黄色、橙色和红色，来传达活力和温暖；使用冷色调如蓝色和绿色，来传达宁静和清新。色彩的合理运用能够增强品牌形象的情感表达力。

（5）互动体验。通过设计互动体验，品牌可以更直接地传达情感。例如，举办乡村文化节、手工艺体验活动等，让消费者亲身感受乡村文化的魅力，从而在情感上与品牌产生共鸣。

（6）品牌个性塑造。品牌形象的情感传达还体现在品牌个性的塑造上。乡村品牌可以塑造一个具有亲切、真诚、可靠个性的形象，这样的品牌个性能够吸引那些寻求真实、自然生活的消费者。

（7）情感营销策略。在营销活动中融入情感元素，可以提升品牌形象的吸引力。

例如,通过节日营销、情感广告等方式,讲述与消费者生活息息相关的故事,让消费者在情感上与品牌产生共鸣。

(8)社会责任感的体现。乡村品牌可以通过参与社会公益活动,如支持乡村教育、保护自然环境等,来体现其社会责任感。这种情感上的投入不仅能够提升品牌形象,还能够赢得消费者的尊重和信任。

总之,情感元素的传达是品牌形象塑造的灵魂。通过上述拓展,品牌可以在设计中巧妙地融入情感元素,从而与消费者建立更深层次的情感联系,增强品牌的吸引力和市场竞争力。

综上所述,构建乡村品牌故事与形象塑造是一个系统工程,需要深入挖掘乡村的根与魂,通过创意设计与情感共鸣,将乡村的核心价值转化为具有吸引力的品牌故事,并塑造出与目标市场相契合的品牌形象。这不仅能够提升乡村品牌的竞争力,也能够促进乡村文化的传承与发展,为乡村振兴注入新的活力。

二、品牌差异化策略

在竞争激烈的市场环境中,乡村品牌若欲脱颖而出,差异化战略显得尤为关键。以下策略将帮助乡村品牌实现差异化,从而在市场中占据一席之地。

(1)深入分析竞争对手,明确自身产品的独特卖点至关重要。通过市场调研,了解竞争对手的产品特点、价格策略、销售渠道和促销手段,进而进行SWOT分析,挖掘自身品牌的优势与劣势,以及潜在的市场机会和威胁。在此基础上,确立产品的差异化定位,无论是品质、价格、服务还是文化,都要确保与竞争对手形成鲜明对比。

(2)充分利用乡村的自然、文化、历史等资源,打造独树一帜的品牌特性。乡村的自然景观、传统工艺、民俗风情和历史故事都是宝贵的资产。将这些元素融入品牌形象和产品设计,不仅能够提升品牌的吸引力,还能增强消费者的情感共鸣。

(3)品牌定位同样重要,它有助于明确目标消费群体,并针对其需求进行产品和服务创新。通过市场细分,识别不同消费者的特征和偏好,深入分析他们的需求,从而开发出满足他们痛点的产品。同时,不断创新产品和服务,无论是功能、设计还是包装,都要紧跟市场趋势,满足消费者的期待。

(4)在品牌传播方面,线上线下渠道结合是提升品牌知名度的有效途径。利用社交媒体、电商平台和实体店等渠道进行宣传,同时通过口碑营销和讲述品牌故事来增强消费者的情感联系。品牌故事应传递品牌的价值观,强化消费者对品牌的认同感。

(5)维护品牌形象同样关键。保证产品质量,积极参与社会公益活动,展现品牌的社会责任感,这些都是提升品牌美誉度的举措。持续创新,不断调整和优化策略,以适应市场变化和消费者需求,是乡村品牌在竞争中保持差异化的关键。

总之，乡村品牌要实现差异化，需在分析竞争对手、挖掘资源优势、明确品牌定位、创新产品服务、加强品牌传播和维护品牌形象等方面下功夫。通过这些策略的综合运用，乡村品牌能够在激烈的市场竞争中找到自己的定位，赢得消费者的青睐，最终实现可持续发展。

第二节　乡村市场营销策略

一、产品、价格、渠道、促销组合

在市场营销领域，乡村品牌若想在竞争激烈的市场中脱颖而出，必须深入理解和灵活运用"4P"策略，即产品（Product）、价格（Price）、渠道（Place）和促销（Promotion）。以下是对这四个方面的详细讨论，旨在帮助乡村品牌更好地适应市场需求，提升品牌的市场竞争力。

（一）产品策略

产品策略涉及对产品的定义、特性、生命周期及组合的管理。产品不仅仅是实物，还包括服务、体验等无形元素。产品策略的核心目标是满足消费者需求，提升市场竞争力。

产品策略要求企业明确产品的核心概念，包括产品的基本效用和利益。在此基础上，企业需要关注产品的形式特性，如外观、质量、品牌和包装，以及消费者期望的产品属性和条件。通过产品差异化，企业可以在功能、设计、质量和服务等方面脱颖而出。产品生命周期是产品策略中的重要考量因素。从引入期到成熟期，再到衰退期，每个阶段都有其特定的市场表现和策略需求。企业需要根据产品所处的生命周期阶段，调整产品策略，如开发新产品、改进现有产品或逐步淘汰。产品组合策略中，企业需要平衡产品线的宽度和深度，确保产品组合的多样性和一致性。同时，通过市场调研，了解消费者需求和市场趋势，不断优化产品组合。在实施产品策略时，企业要进行市场调研，以开发符合市场需求的新产品或改进现有产品。质量控制是确保产品符合标准和消费者期望的关键环节。此外，品牌管理也是产品策略的重要组成部分，通过讲述品牌故事和进行品牌传播，提升品牌价值。评估产品策略的有效性是确保策略实现的重要环节，通过分析销售数据、收集消费者反馈和监控竞争对手的产品策略，企业可以及时调整产品策略，以适应市场变化。

产品策略是市场营销中不可或缺的一环，它要求企业深入理解消费者需求，不断优化产品组合，并通过有效的产品管理提升市场竞争力。通过这一策略，企业不仅能够满足消费者的期望，还能够创造独特的市场价值。乡村品牌在产品策略上应考虑以下要点：①市场调研，通过市场调研，了解消费者的需求、偏好以及竞争对手的产品特点，这有助于乡村品牌确定产品的定位和特色；②产品创新，基于市场调研的结果，乡村品牌应不断创新产品，开发具有独特卖点的产品，这可以包括特色农产品、手工艺品、地方特产等；③产品线调整，根据市场需求的变化，适时调整产品线，如市场对某种产品需求增加，品牌就可以增加该产品的产量或推出相关产品；④品质保证，确保产品质量是建立品牌信任的基础，乡村品牌应严格控制生产流程，确保产品符合国家标准和消费者期望；⑤品牌故事，讲述产品背后的故事，传递品牌的文化和价值观，增强消费者的情感联系。

（二）价格策略

价格策略是关乎如何为产品或服务设定一个既能体现其价值，又能吸引消费者的价格方法，它直接影响到消费者的购买力和品牌的盈利能力。价格策略的制定需要考虑多个因素，包括成本、市场需求、竞争状况、产品特性以及法律法规等。

企业需明确价格目标，这可能是为了实现盈利、扩大市场份额或应对竞争。在定价时，成本是基础，但价格并不仅仅基于成本，还需考虑市场需求和消费者对价格的敏感度。竞争状况同样重要，企业需要了解竞争对手的定价策略，并据此调整自己的价格。价格策略的类型多样，包括成本加成、价值定价、渗透定价、撇脂定价、心理定价和差别定价等。例如，渗透定价适用于新产品推出初期，以低价格快速占领市场；而撇脂定价则适用于高端市场，以高价格树立品牌形象。定价策略一般有以下几种。

（1）成本加成定价。这是最常见的定价方法，即在产品成本的基础上加上一定的利润。

（2）竞争导向定价。通过分析竞争对手的价格，制定具有竞争力的价格策略。

（3）价值定价。根据产品的独特价值和消费者愿意支付的价格来确定价格。

（4）心理定价。利用消费者的心理预期，采用尾数定价、整数定价等策略，以影响消费者的购买决策。

实施价格策略时，企业需选择合适的定价方法，如成本加成或目标利润，并确定价格结构，如单一价格或歧视定价。同时，价格调整是必要的，以应对市场变化、成本波动或竞争动态。为了有效实施价格策略，企业需要通过市场反馈和销售数据分析来评估策略的效果。这包括监控竞争对手的价格变动，以及收集消费者对价格的反馈。

价格策略是企业市场营销组合中的核心要素，它不仅关系到企业的盈利能力，还影响着市场竞争力。通过综合考虑各种因素，制定合理的价格策略，企业可以在市场中脱颖而出，实现长期发展。

（三）渠道策略

渠道策略是确保产品或服务从生产者顺利传递到最终消费者手中的关键环节。这一策略的核心在于精心选择和设计产品的分销路径,涉及通过哪些中间商,如批发商、零售商、代理商等,来分销产品,并管理这些渠道,以实现最佳的市场覆盖率和客户满意度。渠道策略的关键要素包括渠道长度、宽度、成员选择和管理,这些要素共同决定了产品在供应链中的流动效率。

渠道长度指的是产品从生产者到最终用户所经过的中间环节数量,短渠道包括直销,而长渠道则涉及多个分销商和零售商。渠道宽度则指同一层次渠道中成员的数量,宽渠道意味着有更多的零售商销售同一品牌的产品,而窄渠道则可能只有少数几个零售商。选择合适的渠道成员,包括他们的信誉、服务能力、地理位置和与品牌的契合度,是渠道策略中的关键决策。

渠道策略的类型多种多样,包括直销、间接分销、多渠道分销、垂直分销系统和水平分销系统。直销直接向最终用户销售产品,如通过公司网站或直接销售团队;间接分销则通过中间商销售产品;多渠道分销则同时使用多种渠道来满足不同客户群体的需求;垂直分销系统是由制造商、批发商和零售商组成的单一渠道,如大型连锁店;水平分销系统则由两个或多个独立的公司合作,共同开发新的市场或产品。

实施渠道策略需要研究市场来了解目标市场的分销习惯和偏好,然后根据研究结果设计适合的渠道结构。选择合适的渠道成员并建立合作关系,通过价格折扣、促销活动等方式激励渠道成员,以及定期评估渠道表现并根据需要调整策略,都是渠道策略实施的重要步骤。

有效的渠道策略能够提高产品的市场可获得性,增强品牌影响力,并最终提升销售业绩。通过确保产品能够以合适的方式、在合适的时间和地点到达消费者手中,企业可以更好地满足客户需求,增强客户忠诚度。

(四)促销策略

促销策略涉及一系列旨在推广产品、提升品牌知名度和刺激消费者购买行为的沟通活动。促销组合,涵盖了广告、销售促进、公关和人员销售四个关键要素。广告通过电视、广播、互联网等渠道传播品牌信息,销售促进通过折扣、赠品等短期激励措施直接刺激购买,公关活动通过新闻稿和社会责任项目来塑造企业形象,而人员销售则依赖销售人员与客户的一对一交流来促进销售。

在制定促销策略时,企业需明确目标,如提升品牌知名度、扩大市场份额、增加销量、培养顾客忠诚度或引导消费者尝试新产品。选择合适的促销工具,包括:①广告宣传,通过电视、报纸、网络等媒体进行广告宣传,提高品牌知名度;②促销活动,举办各类促销活动,如打折、赠品、优惠券等,刺激消费者购买;③公关活动,参与各类公益活动、行业展会等,提升品牌形象;④口碑营销,鼓励消费者分享使用体验,形成良好的口碑效应;⑤内容营销,通过高质量的内容吸引消费者,如博客、视频、社交媒体帖子等。

预算的合理分配，需考虑市场状况、竞争环境和财务状况。促销可以采用拉力策略，即通过促销活动吸引消费者主动购买；或推力策略，通过激励零售商增加库存来推动产品流向消费者。无论采用哪种策略，效果评估都是必不可少的，通过销售数据、市场调研和顾客反馈来衡量促销活动的成效。

促销策略是连接企业与消费者的桥梁，它不仅传达产品价值，还能激发消费者的购买欲望，推动销售增长。为了确保营销计划的连贯性，促销策略必须与产品策略、价格策略和渠道策略相协调，共同构建一个有效的市场营销体系。

综上，乡村品牌在实施"4P"策略时，需要综合考虑市场需求、品牌定位、竞争环境和自身资源。以下是一些实施"4P"策略的步骤：①明确目标市场，确定目标消费者群体，了解他们的需求和购买行为；②产品定位，根据目标市场的需求，确定产品的定位和特色；③定价策略，结合成本、竞争和消费者价值，制定合理的定价策略；④渠道选择，根据产品特性和目标市场，选择合适的销售渠道；⑤促销执行，制定促销计划，包括广告、促销活动和公关活动；⑥效果评估，定期评估"4P"策略的效果，根据市场反馈进行调整。

通过以上营销策略的实施，乡村品牌可以更好地满足市场需求，提升品牌竞争力，最终实现市场占有率的提升。

二、数字化营销与社交媒体应用

随着互联网的普及，数字化营销已经成为乡村品牌发展的新趋势，为这些品牌提供了前所未有的机遇。以下是如何利用数字化工具进行市场调研、品牌推广和客户服务的详细介绍，以及社交媒体平台在乡村品牌市场营销中的应用策略。

市场调研是品牌发展的基石。数字化工具使得乡村品牌能够轻松地进行市场调研。通过在线调查、社交媒体分析和大数据分析，品牌可以了解目标市场的需求、消费习惯和偏好。例如，利用问卷调查工具（问卷星、腾讯问卷等），可以收集大量用户反馈；通过社交媒体平台的用户数据分析，可以洞察潜在消费者的行为模式和兴趣点。

在品牌推广方面，数字化营销提供了多种创新途径。微信公众号、抖音、微博等社交媒体平台成为乡村品牌展示自身特色、传播品牌故事的重要渠道。通过发布高质量的内容，如农产品种植过程、乡村风光、特色手工艺品制作等，品牌可以吸引目标消费者的关注。同时，利用短视频、直播等形式，可以增加与消费者的互动，提高品牌的知名度和美誉度。

内容营销是数字化营销的重要策略，乡村品牌可以通过以下三种方式提升内容营销的效果：①故事化营销，讲述品牌背后的故事，如创始人的创业经历、产品的独特工艺等,以情感共鸣吸引消费者;②关键意见领袖(Key Opinion Leader, KOL)合作,与 KOL 合作,通过他们的推荐来扩大品牌影响力;③互动性内容,设计互动性强的内容,如问答、投票、抽奖等,提高用户参与度。

社群营销则是通过建立和维护用户社群来增强用户黏性。乡村品牌可以创建微信群、QQ 群等社群,定期举办线上线下活动,如农产品品鉴会、手工艺品制作体验等,让消费者参与到品牌建设中来。

此外,一些数字化营销的拓展策略可融合使用:①利用搜索引擎优化提高品牌在搜索引擎中的排名,增加有机流量;②通过电子邮件营销,与客户保持长期联系,推送新品信息、促销活动等;③运用数据分析工具监控营销活动的效果,及时调整策略;④跨平台营销,整合不同社交媒体平台和数字化工具,形成营销合力。

数字化营销为乡村品牌提供了丰富的工具和策略,通过合理运用这些工具和策略,乡村品牌可以更好地了解市场、推广品牌、服务客户,从而在激烈的市场竞争中脱颖而出。

第三节 客户关系管理与忠诚度建设

客户关系管理(Customer Relationship Management, CRM)通过建立并维护客户长期稳定关系来实现业务目标的系统性策略。其核心在于理解并满足客户需求,提升客户满意度,从而促进客户忠诚度的培养。CRM 通过整合客户信息、优化服务流程、增强互动体验,帮助企业在销售、营销、客户服务等多个环节与客户建立紧密联系。客户忠诚度是 CRM 的重要目标,它表现为客户对品牌的持续信任和重复购买行为。通过 CRM,企业能够识别并奖励忠诚客户,提升客户生命周期价值,增强市场竞争力。有效的 CRM 策略不仅能够提高客户满意度,还能在客户面临选择时,使其更倾向于选择本品牌,从而在激烈的市场竞争中占据有利地位。

一、CRM 系统的运用

在当今这个数据驱动的时代,CRM 系统已经成为企业提升竞争力、实现可持续发展的关键工具。对于乡村品牌而言,CRM 系统的运用同样至关重要,它不仅能够帮助品牌更好地理解客户需求,还能通过有效的数据分析和利用,实现个性化营销和服务,从而显著提高客户满意度和忠诚度。

(一)CRM 系统的基本功能

(1)客户信息管理。记录和存储客户的个人信息、购买历史、互动记录等,为后续分析和服务提供数据基础。

（2）销售管理。跟踪销售机会，管理销售流程，提高销售效率。

（3）营销自动化。通过自动化工具实现邮件营销、社交媒体推广、广告投放等，提高营销活动的精准度和效果。

（4）客户服务。提供在线客服、电话支持、自助服务等功能，提升客户服务质量和响应速度。

（5）分析与报告。通过数据挖掘和分析，为企业提供决策支持，优化业务流程。

（二）CRM 系统在乡村品牌中的应用

1. 收集客户数据

乡村品牌在运用 CRM 系统时，首先要做的是建立一个全面的客户数据库。这包括但不限于客户的购买记录、浏览历史、互动反馈、地理位置、购买频率和偏好等。通过这些数据的收集，品牌能够构建出一个多维度的客户画像，为后续的市场分析和客户服务提供坚实的基础。

2. 分析客户需求

客户数据的收集只是第一步，更重要的是对这些数据进行深入分析。通过数据挖掘技术，乡村品牌可以识别出客户的购买模式、消费习惯和未满足的需求。这种分析有助于品牌更好地理解市场趋势，调整产品线，开发新的服务，以及预测未来的市场需求。

3. 个性化营销

CRM 系统使得乡村品牌能够实施高度个性化的营销策略。通过分析客户的购买历史和偏好，品牌可以定制个性化的营销信息，如推荐产品、节日促销和特别优惠，从而提高营销活动的响应率和转化率。

4. 提升客户满意度

CRM 系统不仅能够帮助品牌提供个性化的产品和服务，还能通过自动化的客户服务流程提升客户体验。例如，通过 CRM 系统，品牌可以快速响应客户咨询，提供定制化的解决方案，以及处理售后问题，这些都极大地提升了客户的满意度和忠诚度。

5. 增强客户忠诚度

忠诚度奖励计划是 CRM 系统在乡村品牌中应用的另一个重要方面。通过积分系统、会员制度和专属优惠，品牌可以激励客户重复购买，同时通过社交分享和口碑营销，吸引新客户。

（三）实施 CRM 系统的注意事项

1. 数据安全

在实施 CRM 系统时，数据安全是首要考虑的问题。乡村品牌必须确保所有客户数据都符合数据保护法规，如欧盟的《通用数据保护条例》（General Data Protection Regulation, GDPR）或我国的《中华人民共和国个人信息保护法》。所采取的措施包括数据加密、访问控制、定期的安全审计和员工培训。

2. 系统集成

CRM 系统不应孤立存在，而应该与其他业务系统如 ERP、财务系统、供应链管理系统等集成。这种集成可以确保数据的一致性和实时性，提高整个企业的运营效率。

3. 培训与支持

员工是 CRM 系统成功实施的关键。因此，对员工进行全面的培训至关重要，确保他们能够理解系统的使用方法，并能够在日常工作中有效地利用 CRM 系统。同时，提供持续的技术支持和咨询服务也是必要的。

4. 持续优化

CRM 系统不是一成不变的，它需要根据业务的发展和市场变化进行持续的优化。这包括定期更新系统功能、引入新的数据分析工具，以及根据客户反馈调整服务流程。通过不断优化，乡村品牌可以确保 CRM 系统始终与业务目标保持一致，并能够适应不断变化的市场环境。

CRM 系统的运用对于乡村品牌的长远发展具有重要意义。通过收集、分析和利用客户数据，乡村品牌可以实现个性化营销和服务，提高客户满意度和忠诚度，从而在激烈的市场竞争中脱颖而出。

二、口碑营销与社群建设

在当今信息爆炸的时代，口碑营销和社群建设已经成为乡村品牌传播和发展的关键策略。口碑营销通过消费者的自发传播，能够迅速提升品牌知名度和美誉度；而社群建设则能够增强用户之间的互动，提高用户黏性和品牌忠诚度。本部分将深入探讨如何利用口碑营销策略和构建品牌社群，以促进乡村品牌的长远发展。

（一）口碑营销策略

1. 优质产品与服务

口碑营销的基础是优质的产品和服务。乡村品牌应注重产品质量，确保产品安全、环保、健康，满足消费者的需求。同时，提供卓越的客户服务，包括售前咨询、售后服务等，让消费者在购买过程中感受到品牌的用心。

2. 积极的用户互动

乡村品牌应积极与消费者互动，通过社交媒体、论坛、直播等方式，与消费者建立良好的沟通渠道。在互动过程中，品牌可以了解消费者的需求和意见，及时调整产品和服务，提升消费者满意度。

3. 创造口碑传播内容

乡村品牌应创造具有传播性的内容，如优质短视频、趣味图文、用户故事等，激发消费者的分享欲望。这些内容应具有以下特点：①具有情感共鸣，内容应触动消费者的情感，引发共鸣，如讲述品牌背后的故事、展示产品制作过程等；②具有实用性，内容应提供实用信息，如生活小技巧、产品使用方法等，帮助消费者解决问题；③具有趣味性，内容应具有趣味性，如幽默搞笑、创意十足等，吸引消费者关注。

4. 利用意见领袖

乡村品牌可以寻找KOL，并与其展开合作，通过他们的推荐和传播，提升品牌知名度和美誉度。在选择意见领袖时，应考虑其与品牌定位的契合度、粉丝群体的匹配度以及传播效果。

（二）构建品牌社群

1. 社群定位

乡村品牌在构建社群时，应明确社群的定位，如针对特定产品、特定消费群体或特定兴趣爱好。明确定位有助于吸引目标用户，提高社群的活跃度和黏性。

2. 社群运营

乡村品牌应制定合理的社群运营策略，包括：①制定社群规则，明确社群的互动规范、发言准则等，维护社群秩序；②策划主题活动，定期举办线上线下活动，如产品体验、知识讲座、互动游戏等，提高用户参与度；③提供优质内容，分享有价值、有趣味、有启发的内容，满足用户需求；④加强互动交流，鼓励用户之间的互动，建立良好的社群氛围。

3. 增强用户黏性

乡村品牌可以通过以下方式增强用户黏性：①提供专属福利，为社群成员提供专属优惠、积分兑换、会员特权等，提高用户忠诚度；②举办社群活动，定期举办线上线下活动，让用户在参与过程中加深对品牌的认同感；③建立用户激励机制，设立积分、等级制度，鼓励用户积极参与社群互动。

4. 提升品牌忠诚度

乡村品牌应关注用户需求，不断优化产品和服务，提升用户满意度。同时，通过社群活动、用户反馈等方式，加强与用户的沟通，建立良好的品牌形象，从而提升品牌忠诚度。

口碑营销和社群建设是乡村品牌传播和发展的关键策略。通过优质的产品和服务、积极的用户互动、创造口碑传播内容以及构建品牌社群，乡村品牌可以提升品牌知名度和美誉度，增强用户黏性和忠诚度，实现可持续发展。

第四节　品牌传播与影响力提升

一、品牌传播渠道的选择

在乡村品牌的建设过程中，传播渠道的选择直接影响到品牌影响力的扩大和市场份额的获取。随着信息技术的飞速发展，传播渠道日益多元化，从传统的广播、电视、报纸到新兴的社交媒体、网络直播、短视频平台，乡村品牌需要根据自身特点和目标市场，选择最合适的传播渠道，以实现高效的品牌传播。以下是对各类传播渠道的特点和适用场景的分析，以及如何在乡村中具体运用的探讨。

（一）传统媒体

传统媒体包括广播、电视、报纸、杂志等，它们具有覆盖面广、权威性强、可信度高的特点。传统媒体在乡村地区的传播效果往往较为显著，尤其是在信息相对闭塞的乡村，传统媒体的影响力不容小觑。

1. 适用场景

（1）品牌初创期。在品牌知名度较低时，通过传统媒体进行宣传，可以迅速提升品牌知名度。

（2）重大事件宣传。如产品上市、节日促销、公益活动等，传统媒体可以扩大宣传范围，提高影响力。

2. 乡村运用

（1）与当地电视台、广播电台合作，制作专题节目或广告。

（2）在乡村地区的报纸、杂志上投放广告。

（3）利用乡村广播站进行品牌宣传。

（二）新媒体

新媒体包括社交媒体、网络直播、短视频平台等，它们具有传播速度快、互动性强、覆盖面广的特点。新媒体在乡村地区的传播效果日益显著，尤其是在年轻一代群体中。

1. 适用场景

（1）品牌推广。通过社交媒体、短视频平台进行品牌推广，提高品牌曝光度。

（2）互动营销。利用新媒体平台与消费者互动，收集用户反馈，优化产品和服务。

（3）内容营销。创作优质内容，吸引粉丝关注，提高品牌知名度。

2. 乡村运用

（1）在抖音、快手等短视频平台上发布产品介绍、制作过程、乡村风光等内容。

（2）利用微信公众号、微博等社交媒体平台发布品牌动态、优惠活动、用户故事等。

（3）与当地网红、KOL合作，进行品牌推广和产品宣传。

（三）线下活动

线下活动包括展会、讲座、体验活动等，它们具有真实感强、互动性强、体验感好的特点。线下活动有助于提升品牌形象，增强消费者对品牌的认知。

1. 适用场景

（1）品牌推广。通过举办展会、讲座等活动，提升品牌知名度。

（2）产品体验。让消费者亲身体验产品，提高产品认知度和购买意愿。

（3）客户关系维护。通过线下活动加强与客户的互动，提升客户满意度。

2. 乡村运用

（1）举办农产品展销会，展示乡村特色产品，吸引消费者购买。

（2）组织乡村旅游节，推广乡村风光和特色文化，吸引游客。

（3）开展农产品加工技艺培训，提升农民技能，促进农产品加工产业发展。

（四）整合传播策略

整合传播策略是将传统媒体、新媒体和线下活动等多种传播渠道有机结合，形成全方位、多角度的品牌传播。

1. 适用场景

适用于所有品牌传播阶段，尤其是在品牌知名度较低、市场竞争力较弱的情况下。

2. 乡村运用

（1）在传统媒体上投放广告，同时利用新媒体进行二次传播。

（2）举办线下活动，邀请媒体进行报道，扩大活动影响力。

（3）结合线上线下活动，开展互动营销，提高用户参与度。

乡村品牌在选择传播渠道时，应根据自身特点、目标市场和传播目标，合理搭配传统媒体、新媒体和线下活动等多种传播渠道，形成有效的整合传播策略，以提升品牌影响力，实现可持续发展。

二、跨界合作与品牌联名

在当今市场竞争激烈的环境下，乡村品牌要想脱颖而出，提升影响力，拓宽市场，跨界合作与品牌联名成为一种有效的策略。通过与其他品牌或企业的合作，乡村品牌可以实现资源共享、优势互补，从而在消费者心中树立独特的品牌形象，提升品牌知名度和美誉度。本部分将探讨如何寻找合适的合作伙伴，以及如何在乡村中具体运用品牌联名活动。

（一）寻找合适的合作伙伴

合作伙伴的选择标准有以下几个方面。

（1）品牌定位相似，选择与乡村品牌定位相似或互补的品牌，以便在合作中实现优势互补。

（2）品牌实力雄厚，合作伙伴应具备一定的品牌知名度和市场影响力，以便借助其资源提升自身品牌形象。

（3）价值观契合，合作伙伴的价值观应与乡村品牌相符，以便在合作过程中形成良好的合作关系。

（4）资源互补，合作伙伴应具备与乡村品牌互补的资源，如技术、渠道、市场等。

（二）合作伙伴的寻找途径

（1）行业展会，参加行业展会，与其他品牌或企业进行交流，寻找潜在的合作伙伴。

（2）行业协会，通过行业协会，了解行业内的优质合作伙伴，建立合作关系。

（3）网络平台，利用网络平台，如社交媒体、行业论坛等，寻找潜在的合作伙伴。

（4）政府资源，借助政府资源，如招商引资政策、产业园区等，寻找合适的合作伙伴。

（三）品牌联名活动的具体运用

1. 产品联名

（1）设计联名产品。与合作伙伴共同设计具有独特风格和创意的联名产品，满足消费者个性化需求。

（2）包装联名。在产品包装上融入合作伙伴的品牌元素，提升产品附加值。

（3）营销联名。在营销活动中，共同推广联名产品，扩大品牌影响力。

2. 体验联名

（1）举办联名活动。与合作伙伴共同举办线下活动，如展览、讲座、体验活动等，提升品牌知名度。

（2）合作推广。在合作伙伴的渠道上推广乡村品牌，扩大市场覆盖面。

（3）资源共享。共享合作伙伴的资源，如渠道、技术、人才等，实现优势互补。

3. 文化联名

（1）打造联名文化。与合作伙伴共同打造具有独特文化内涵的联名品牌，提升品牌价值。

（2）传承乡村文化。将乡村文化元素融入联名产品，传承和弘扬乡村文化。

（3）文化交流。与合作伙伴共同举办文化交流活动，提升品牌形象。

（四）乡村中品牌联名活动的案例

1. 农产品与知名餐饮品牌联名

（1）案例背景。某乡村品牌推出特色农产品，希望通过联名活动提升品牌知名度。

（2）合作方式。与知名餐饮品牌合作，将特色农产品作为餐厅的特色菜品。

（3）效果。通过联名活动，乡村品牌知名度得到提升，农产品销量大幅增长。

2. 乡村旅游与文创产品联名

（1）案例背景。某乡村地区拥有丰富的旅游资源，希望通过联名活动提升旅游品牌形象。

（2）合作方式。与文创产品企业合作，设计具有乡村特色的文创产品。

（3）效果。通过联名活动，乡村旅游品牌形象得到提升，吸引了更多游客。

3. 农业合作社与电商平台联名

（1）案例背景。某农业合作社希望通过联名活动拓宽销售渠道，提高产品知名度。

（2）合作方式。与电商平台合作，将合作社产品上架电商平台，进行线上销售。

（3）效果。通过联名活动，合作社产品销售渠道得到拓宽，品牌知名度得到提升。

跨界合作与品牌联名是乡村品牌提升影响力、拓宽市场的重要途径。通过寻找合适的合作伙伴，开展多样化的联名活动，乡村品牌可以实现资源共享、优势互补，从而在消费者心中树立独特的品牌形象，提升品牌知名度和美誉度。在乡村中，品牌联名活动应结合当地特色，创新合作模式，以实现品牌的长远发展。

（五）案例拓展

2024年8月18日，"村BA"联名产品招商暨酸汤文化体验活动在台江县台盘村举行。在此次活动中，"村BA"与习酒、玉梦酸汤以及黔功夫月饼等贵州省内知名老字号品牌达成的联盟合作正式启动。

据悉，通过"全国球王争霸赛"与全国青少年篮球赛等赛事的举办，"村BA"搭建了一个展示乡村风貌、促进农产品销售的广阔平台。"村BA"赛事不仅仅是体育赛事的展现，更是乡村振兴与文化传承的深度融合。在活动中，"村BA"借酸汤美食节、酸汤制作工艺展示等环节，深入挖掘和展示了贵州酸汤文化的独特魅力。同时，积极推广"村BA·淳酸"等联名产品，将酸汤文化与现代商业理念相融合，促进贵州民族产业的品牌化、规模化发展。据了解，在此次活动中，"村BA"与习酒、玉梦酸汤以及黔功夫月饼等贵州省内知名老字号品牌的联名合作，正式吹响了"村BA"与贵州省百家老字号联盟的号角。

"玉梦酸汤将以此次联名为契机，加强与'村BA'的合作，积极致力于'激情篮球+酸汤美食'的创新融合，共同推动体旅与特色食品的快速发展。"贵州玉梦集团董事长田其明在活动上表示。让流量携手产业，让"村BA"携手贵州省百家老字号品牌，这是一场具有贵州"村文化"特色的"流量与变现"互相推动之举。

分析以上乡村品牌联名活动的案例，我们可以从以下五个方面进行探讨。

1. 活动背景与目标

（1）背景。台江县台盘村举办的"村BA"联名产品招商暨酸汤文化体验活动，是乡村文化振兴与品牌营销相结合的尝试。

（2）目标。通过联名合作，提升"村BA"赛事的知名度和影响力，同时推广贵州地方特色产品，促进当地经济发展。

2. 合作模式

（1）"村BA"赛事平台。利用"村BA"赛事这一平台，将体育赛事与地方文化、产品推广相结合。

（2）联名产品。与习酒、玉梦酸汤、黔功夫月饼等知名品牌联名，推出"村BA·淳酸"等联名产品。

（3）文化体验。通过酸汤美食节、酸汤制作工艺展示等活动，深入挖掘和展示地方文化。

3. 合作效果

（1）品牌推广。通过联名合作，提升了"村BA"赛事的品牌知名度和美誉度。

（2）产品销售。联名产品的推出，有助于提升贵州特色产品的市场认知度和销售量。

（3）文化传承。通过活动，促进了贵州酸汤文化的传承和推广。

4. 合作意义

（1）乡村振兴。活动将体育赛事与地方文化、产业相结合，为乡村振兴提供了新的思路和模式。

（2）产业升级。通过联名合作，推动了贵州民族产业的品牌化、规模化发展。

乡村品牌建设的典型案例

（3）流量变现。活动实现了流量的有效转化，将"村BA"赛事的流量转化为经济效益。

5. 未来展望

联盟扩展："村BA"与贵州省百家老字号品牌的联盟合作，预示着未来将有更多品牌加入，形成更广泛的合作网络。

第六章 乡村人才培育与引进

在乡村振兴战略的总体框架下，乡村的可持续发展离不开高素质人才的引领和推动。人才不仅是乡村经济繁荣的重要基础，亦是乡村社会和文化持续进步的核心动力。本章将系统探讨乡村地区的人才需求、人才培养体系、引进政策及留用机制，旨在为未来的乡村 CEO 提供应对乡村人才挑战与机遇的理论依据与实践指导。

第一节 乡村人才需求分析与预测

一、产业发展需求导向

乡村产业的发展为乡村人才需求提供了明确方向，尤其是在乡村经济转型与升级的大背景下，现代农业、新型农村服务业、生态旅游业、乡村电商等产业成为乡村发展的新动能。随着这些产业的不断壮大，乡村地区对具备专业技能和创新能力人才的需求日益增加。相比传统劳动力，乡村现在更为迫切地需要高素质的人才，来推动这些产业的高效运作和持续发展，确保乡村能够在新兴产业中获得长足的竞争力与市场份额。

（一）现代农业：技术驱动的转型

现代农业正逐步向技术密集型方向发展，越来越依赖科技、数据化管理和机械化操作。这一转型带来了农业技师、农机操作员、农业管理人员等专业人才的紧缺。为了推动智能化农业的发展，这类人才需要具备多方面的技术能力，如无人机监测、精准灌溉、智能农机设备操作等。随着新技术的广泛应用，现代农业的效率显著提高，不仅推动了农业生产的现代化，也提升了农产品的产量和品质。然而，这也意味着传统劳动力已经无法满足现代农业对高素质技术人才的需求，技术型农业人才的培养和引入成为农业转型的关键。

（二）新型农村服务业：多元化人才需求

乡村的服务产业也逐渐从传统领域扩展至更为广泛的教育、医疗、物流等现代服务业。在教育领域，乡村地区的师资力量不足，尤其是经验丰富的教师，可以填补乡村教育资源的空缺；在医疗方面，偏远地区医护人员的匮乏成为制约乡村健康发展的主要障碍；在物流和供应链管理中，乡村电商和农产品的快速流通对具备物流管理和供应链优化能力的人才需求十分紧迫。新型农村服务业的迅速崛起表明，乡村的发展不仅仅需要农业方面的人才，也需要在社会服务领域具备专业技能的多元化人才。

（三）生态旅游业：市场与文化创新的结合

生态旅游业是乡村振兴中的另一个重要支柱产业。随着人们对自然环境的重视以及对个性化、高质量体验的需求，乡村旅游必须从单一的观光模式转型为体验式、互动式旅游。乡村旅游业的发展促使乡村对市场策划、品牌推广、服务管理等专业人才提出了需求。这些人才不仅要懂得如何策划创新旅游项目，还要能够融合地方文化和现代旅游理念，打造独具特色的乡村品牌和产品。与此同时，文化创意类人才也越来越受到重视，他们可以将地方的历史文化、生态资源与现代消费需求相结合，创造出富有吸引力的文化旅游产品，推动乡村旅游业进一步发展。

（四）乡村电商：推动农产品上行的关键

乡村电商作为乡村经济的一个重要发展方向，已经从小规模起步逐步走向了大规模的农产品销售和品牌打造。这一过程中，电子商务运营、网络营销等专业人才的作用尤为关键。这类人才不仅要熟悉电商平台的运作，还需要了解农产品的特性和市场需求，尤其是在管理供应链、品牌推广和扩大销售渠道方面发挥着重要作用。随着乡村电商的迅速发展，对能够灵活应对市场变化并推动农产品上行的高素质电商人才需求大幅增加。

综上，乡村人才的需求与产业未来的发展密切相关，展现出产业化和专业化的双重特征。在现代农业、新型农村服务业、生态旅游和乡村电商等领域，引入具备专业技能、技术素养和创新能力的人才，能够为乡村的可持续发展提供坚实的支撑。这不仅有助于提高乡村产业的竞争力，还能在激烈的市场竞争中为乡村赢得更多发展机会。通过系统化的人才引进与培养，乡村才能在新时代的经济结构中稳步前进，充分实现其经济和社会效益的最大化。

二、人才缺口与结构分析

当前，乡村地区在人才配置上面临的挑战主要可以归结为两个方面：人才数量的不足和人才结构的失衡。这些问题不仅阻碍了乡村振兴的进程，也进一步加剧了城乡发展之间的差距。随着中国城镇化进程的加快，乡村的劳动力和人才流失问题日益凸显。与此同时，乡村产业的多样化和现代化需求迫切，尤其是新兴产业的崛起对技术型和创新型人才提出了更高的要求。然而，乡村在吸引、培养和留住人才方面的局限性，使其难以为本地发展提供足够的人力资源支持。以下分别从人才数量和结构两个方面进行详细分析。

（一）人才数量不足

乡村地区亟须大量技术型、管理型和创新型人才，以推动现代农业和其他新兴产业的发展。然而，许多乡村在吸引人才方面面临重大挑战。由于乡村基础设施薄弱、生活条件相对较差，城市提供了更具吸引力的就业机会和生活质量，大量年轻人才和专业技术人员更倾向于在城市寻找发展机会。即使乡村地区在特定项目中获得了政策支持，人才匮乏的问题仍然难以得到根本解决。

在新兴领域如智能农业、生态产业和数字化管理方面，人才的匮乏尤为突出。例如，智能农业要求从业人员掌握复杂的机械化、自动化技术，而生态农业需要从业者具备环保和可持续发展的专业知识。这些高层次人才的短缺直接影响了新兴技术在乡村的推广和应用，进而限制了乡村产业的升级转型。许多乡村在试图引入智能化设备或数字化管理系统时，由于缺乏相关技术人才，导致项目进展缓慢甚至无法实施。

不仅高层次人才短缺，基层劳动力的技能不足也是一个显著的问题。乡村劳动者整体素质较低，无法跟上乡村经济结构快速变化的步伐。大部分留守劳动力以年龄偏大、教育水平有限的人群为主，他们在接受新技术、适应新产业方面面临较大的困难。这不仅限制了现有产业的现代化进程，也对乡村未来的产业转型和升级构成了重大挑战。

乡村地区的技术和管理型人才缺口对当地的产业发展产生了直接影响。例如，许多乡村试图发展现代化农业，但由于缺乏掌握先进农业技术的专业人才，导致农业生产效率较低，难以形成规模效应。同样，生态旅游、乡村手工业等新兴产业在乡村的发展也受到人才短缺的限制，无法形成具有竞争力的产业链。

此外，人才外流现象进一步加剧了这一问题。大量接受过高等教育和专业培训的年轻人选择留在城市发展，使得乡村不仅缺乏吸引新人才的能力，也失去了培育本地人才的机会。这种"空心化"现象对乡村的人口结构和社会经济活力产生了深远的负面影响。

（二）人才结构不合理

除数量不足外，乡村的人才结构失衡问题同样严重，主要体现在年龄结构老化和知识结构单一两个方面。大量年轻劳动力持续向城市流动，使得乡村劳动力结构逐渐老龄化。相关数据显示，乡村地区的劳动力中，年龄偏大的群体占据了较大比例，而大多数年轻人则在城市寻找就业和生活机会。这导致乡村从事农业生产的主要劳动力以中老年人为主，年轻、高素质的人才匮乏，难以推动乡村经济的转型升级。

在知识结构方面，乡村劳动力的专业技能较为单一，集中在传统农业生产领域，缺乏多元化的知识背景和技能储备。许多乡村从业者长期从事种植、养殖等传统农业活动，接受新技术、新理念的能力较为有限。这种现象导致乡村经济难以适应现代产业的发展需求。例如，农业机械化和自动化程度的提升要求从业者具备一定的机械操作和维修能力，但很多乡村地区的劳动力仍停留在手工劳作阶段，对新设备的使用和维护缺乏足够的技术。

人才结构失衡的另一个表现是技能与产业需求不匹配。乡村传统的农业生产方式与现代化产业发展所需的多样化、复合型人才形成了鲜明对比。例如，随着乡村旅游、特色农业等新兴产业的崛起，乡村对具有市场营销、品牌管理、文化创意等方面能力的人才需求日益增加。然而，许多从业者缺乏这些领域的专业知识和技能，导致新兴产业的发展受阻，难以提升乡村产业的整体竞争力。

更为严重的是，乡村地区的教育资源匮乏，难以为人才提供系统的职业培训和技能提升机会。许多乡村学校的教学设施落后、师资力量不足，无法为学生提供与现代产业接轨的知识教育。这不仅影响了新一代乡村劳动者的职业选择和发展空间，也导致乡村在吸引高层次人才方面缺乏基础条件。

第二节　乡村人才培训体系构建

乡村人才的培育不仅要注重技能培训，还需兼顾学历教育。基于乡村发展的实际需求，培训内容应涵盖现代农业技术、乡村旅游管理、电子商务运营等实用技能，确保劳动者在这些领域具备专业知识与实操能力。同时，学历教育能够有效提升乡村劳动者的理论知识和综合素质。可以通过成人教育、远程教育等途径，为乡村居民提供获取更高学历的机会，并将学历教育与技能培训相结合。这种模式不仅使乡村人才具备理论与实践兼备的能力，还显著增强了他们在就业市场上的竞争力，促进乡村整体素质的提升和经济的可持续发展。

一、实习实训与创业孵化平台

实习实训是将理论知识与实际操作相结合的有效途径，对于培养乡村高素质人才和增强他们的实践能力具有重要意义。通过实践学习，人才能够将课堂上学到的理论知识应用到具体的工作场景中，不仅提高了自身技能水平，还能够加深对相关行业的理解，形成更强的适应能力。因此，乡村地区可以与各类优质企业合作，建立覆盖广泛、内容丰富的实训基地，为人才提供实践机会，促进知识与技能的高效转化。

1. 实训基地的建设与合作

乡村地区可以与农业龙头企业、旅游景区、电商企业以及相关行业协会等深度合作，创建一系列实训基地，涵盖从现代农业、乡村旅游到电子商务的多个领域。这些实训基地可以设置在企业内部或乡村的特定区域，使学员能够直接接触到现代化的生产技术、管理流程和市场运营模式。

在农业生产领域，实训基地可以专注于智能农业技术的应用，如无人机施肥、自动灌溉系统、农业物联网等，帮助学员掌握现代农业生产的实际操作技能，了解农业产业链的全流程管理。在乡村旅游方面，景区可以作为实训场地，学员能够体验从游客接待、运营管理到文化创意设计等多种岗位，深入了解如何通过差异化服务和文化传播吸引游客，提升乡村旅游的竞争力。电子商务领域的实训则可以围绕农产品的品牌建设、市场推广和线上销售展开，学员在企业实战中可以接触到不同的销售策略和运营工具，提升电商运营能力。

2. 创业孵化平台的建设

除了实习实训，创业孵化平台的建设对于乡村人才的创新创业也至关重要。孵化平台可以为返乡创业人员、本地居民以及其他有志于乡村发展的创业者提供一个资源丰富、支持全面的创新创业环境，激发他们的创业热情，推动乡村经济多元化发展。创业孵化平台应提供以下几方面的支持。

（1）资金支持。乡村创业者通常面临资金短缺的问题，孵化平台可以通过政府专项资金、风险投资、公益基金等多元化资金来源，为创业者提供启动资金或低息贷款。此外，还可以设立创业大赛等活动，通过奖励机制给予资金支持，激励创新项目落地。

（2）创业培训与咨询服务。孵化平台可以联合高校、企业和行业专家，定期开展创业培训，涵盖商业计划书撰写、市场调研、项目管理、风险控制等内容。通过系统化的培训，创业者可以更好地规划企业发展路径，避免盲目创业导致的失败。同时，孵化平台还可以为创业者提供"一对一"咨询服务，帮助他们解答创业中的难题，规避经营风险。

（3）技术支持与创新引领。创新是推动乡村创业项目成功的关键。孵化平台应引进先进的农业技术、互联网技术和智能化工具，帮助创业者提高生产效率和服务水平。比如，平台可以引导创业者使用农业大数据、区块链技术来追溯农产品质量，提升产品的市场信任度。技术支持的多样化也有助于创业者在激烈的市场竞争中脱颖而出。

（4）市场开拓与资源整合。政府和孵化平台可以搭建资源整合平台，帮助创业者接触到更多的市场机会和资源渠道。通过举办展销会、产业对接会等活动，将创业者的产品推广到更广阔的市场，甚至通过跨区域的电商合作，将乡村产品推向全国乃至国际市场。同时,政府可以协助建立营销联盟,集中力量打造乡村品牌,推动特色产业集群化发展。

(5)孵化器模式与跟踪服务。为了帮助创业者在早期阶段稳步发展,孵化平台采用"孵化器"模式,为创业项目提供全方位的支持,包括共享办公空间、创业指导、法律咨询等服务。在项目成功启动后,孵化平台还可以提供后续的跟踪服务,监控项目的进展,并提供及时的资源和支持,帮助创业者度过发展中的困难阶段,提高项目的存活率和成功率。

二、政府的引导与支持

政府在建设乡村实习实训和创业孵化平台中发挥着多重关键作用,其引导和支持可以从多个层面帮助乡村创业生态的形成和发展,具体包括政策支持、金融扶持、资源整合等方面。

1. 政策支持与激励

政府在推动乡村创业时,通过出台各种优惠政策,激励更多人才选择乡村作为创业基地。具体措施包括以下三个方面。

(1)税收减免。对初创企业特别是农业、旅游、电商等领域的企业提供税收优惠,以降低他们的经营成本,帮助他们度过创业初期的困难阶段。

(2)土地与基础设施支持。很多创业者在乡村创业时面临土地和办公场所的成本压力,政府可以通过提供优惠的土地租赁、建设创业园区和孵化基地等方式,帮助创业者解决这些现实问题。同时,提供必要的基础设施,例如完善的交通网络、通信设施等,为创业活动创造更便利的环境。

(3)创业补贴。在政府层面,专门的创业基金或补贴计划可以直接支持乡村创业者的项目启动。例如,政府可以根据创业项目的实际效果给予资金补贴,或通过创业竞赛、创新大赛等方式,吸引更多优质项目进入乡村。

2. 金融扶持与资本引导

资金短缺是许多乡村创业者面临的核心问题之一。为了帮助创业者度过资金困难,政府可以采取以下措施。

(1)低息或无息贷款。政府可以与金融机构合作,推出面向乡村创业者的低息贷款或无息贷款项目。这样不仅可以降低创业者的融资成本,还能为他们提供较为稳定的资金流,帮助其解决创业初期的资金短缺问题。

(2)风险投资支持。政府还可以通过建立专门的乡村创业基金,吸引风险投资进入乡村。对于有潜力的创新型项目,政府可以通过提供融资担保、补贴或风险分担的方式吸引社会资本注入乡村创业生态。

3. 技术与管理资源整合

在推动乡村创新创业时，技术和管理资源的缺乏往往是制约乡村创业者发展的一大障碍。为解决这一问题，政府可以从以下两个方面入手。

（1）建立技术支持平台。政府可以联合高校、科研机构建立技术创新孵化中心，为乡村创业者提供先进技术支持。例如，通过共享实验室、共同研发项目等方式，帮助乡村创业者应用先进的农业科技或创新技术，推动传统产业升级。

（2）管理咨询与培训。很多乡村创业者缺乏现代管理经验，因此政府可以定期组织管理咨询和培训，帮助他们掌握企业管理、市场推广、财务规划等知识。这不仅能够提升乡村创业者的经营管理能力，还能有效减少创业失败的风险。

4. 鼓励社会力量参与

除了政府的直接支持外，社会力量的参与也是乡村创业成功的关键要素。政府可以通过以下三种方式引导社会力量加入乡村创业生态。

（1）吸引企业和社会组织的资金支持。政府可以通过政策引导，鼓励城市的企业、公益组织以及风险投资基金参与乡村创业。社会资本的引入可以为乡村创业者提供资金和资源，尤其是在创业初期，有了这些外部资源的支持，创业者能够专注于创新和发展。

（2）建立技术和管理援助平台。政府可以与大型企业、高校、科研院所和社会组织合作，建立专门的技术支持平台或管理咨询中心。这些平台可以为乡村创业者提供专业的技术援助、市场洞察和管理培训，帮助他们克服资源和知识匮乏的瓶颈，提升其创新和经营能力。

（3）促进城乡资源对接。通过"城乡双创对接平台"的搭建，政府可以促进城市创新资源与乡村创业需求的有效对接。例如，组织城市中的创新企业与乡村创业者形成对口帮扶，或通过双创合作项目，将城市先进的技术、管理经验和市场网络引入乡村，为乡村创业项目提供更具竞争力的支持。

5. 人才回流与本土创业生态构建

政府支持乡村创业不仅应着眼于吸引外来人才，还应关注本土人才的回流和培养，形成可持续的本地创业生态。为了鼓励本土人才返乡创业，政府可以采取以下举措。

（1）返乡创业支持政策。通过设立专门的返乡创业扶持政策，如给予返乡人员专项资金补贴、创业启动资金或税收减免等激励措施，吸引外出务工的本地青年返乡创业。这些政策不仅可以增强乡村的经济活力，还能有效缓解农村的"空心化"问题。

（2）乡村本土人才的培育。为了增强乡村本土人才的创业能力，政府可以通过职业技能培训、创业教育等方式，为乡村青年和返乡人员提供系统的创业指导与培训。通过合作高校、职业学校和培训机构，帮助乡村青年掌握现代农业、电子商务、市场营销等实用技能，提升他们的创新创业能力。

（3）构建创业生态圈。乡村创业不仅需要个人能力的提升，还需要一个完整的生态系统支持。政府可以通过打造集"资金－技术－人才"于一体的创业孵化平台，为乡村创业者提供全面的支持体系，形成"政府引导－社会力量参与－人才创业"的良性循环。

政府在乡村创业孵化平台建设中的引导与支持不仅仅体现在政策层面，还需要整合各类资源，从资金、技术、管理等多方面给予创业者全面的支持。通过与社会力量的合作，政府可以打造一个包容性强、可持续的乡村创业生态，推动乡村经济多元化发展，提升乡村的经济活力和竞争力。与此同时，返乡人才的回流与本土创业者的培养也是实现乡村振兴的重要环节，只有通过全方位的支持与激励，乡村才能真正实现可持续的创新创业发展。

第三节　乡村人才引进政策与激励机制

乡村振兴的核心在于人才，乡村的人才短缺是影响经济发展和社会进步的重要瓶颈。因此，建立完善的乡村人才引进政策和激励机制至关重要。政府与企业应共同努力，通过提供优惠政策与福利待遇、营造创新创业环境，吸引外部人才，激发乡村发展的活力。以下将详细探讨这两大策略及其具体实施路径。

一、优惠政策与福利待遇

为了吸引外部人才，政府和企业需要提供一系列具有吸引力的优惠政策和福利待遇。这些政策不仅要满足人才的物质需求，还要注重其生活质量、职业发展等全方位的保障和激励。

（1）住房补贴与购房优惠是吸引人才到乡村安居乐业的重要措施。由于乡村的房价较低，提供一定的购房优惠政策或住房补贴可以大幅减轻人才的生活压力，提升他们在乡村工作的稳定性和归属感。政府可以通过补贴或免除部分税费，帮助外来人才更轻松地在乡村购置房产，解决他们的后顾之忧。此外，企业也可以为高端人才提供员工宿舍或住房津贴，吸引更多的优秀人才选择到乡村工作。

（2）教育资源的支持也是吸引人才的重要方面。外来人才，尤其是有家庭的高端人才，往往非常关心子女的教育问题。为此，政府可以通过与城市学校合作，建立乡村教育资源共享机制，提升乡村学校的师资力量和教学质量，确保外来人才子女能够享受到优质的教育资源。还可以在乡村地区设立特殊的子女入学优待政策，优先为外来人才的子女安排入学，打消他们对子女教育的顾虑。

（3）医疗保障是人才在选择工作地点时的另一个关键因素。乡村地区由于医疗资源匮乏，很多高端人才可能会因为担心医疗服务不足而犹豫是否扎根乡村。为解决这一问题，政府可以加大乡村地区的医疗投入，建设或升级乡村医院，并引进先进的医疗设备和人才。此外，可以为外来人才提供额外的医疗保险、定期体检服务或远程医疗服务，确保他们在乡村工作时能够得到高水平的医疗保障，从而增加人才在乡村生活的安全感与幸福感。

（4）针对高端人才，特别是具有科研能力或创新精神的专业人才，政府和企业还应提供更多的专门支持。比如，科研资金与创业基金是帮助高端人才实现其职业理想的重要手段。政府可以设立专门的科研专项资金，支持高端人才在乡村地区从事科研项目；企业则可以通过提供创业基金和项目补助，帮助高端人才启动他们的创业项目。此外，政府还可以通过减免税收、提供贷款优惠等方式，为乡村创业者创造更多的融资机会，帮助他们克服创业初期的资金困难。

（5）政府应当加快乡村基础设施建设，以提升乡村整体的生活质量。除了硬件设施的改善，如修建道路、扩展交通网络、改善供水供电系统，还应注重提升乡村的数字基础设施，如高速互联网的覆盖率，这不仅方便了人才的工作和生活，也为乡村的数字化发展奠定了基础。此外，建设丰富的文化设施，如图书馆、文化活动中心等，可以提升乡村的文化氛围，丰富外来人才的精神生活，增强他们对乡村生活的满意度。

二、创新创业环境营造

创新创业环境的营造是吸引和留住人才的重要策略。良好的创新环境可以激发人才的创造力，鼓励他们在乡村进行创业和创新，推动乡村经济的多元化发展。

（1）政府应加强创新平台建设，为人才提供必要的技术支持和创新资源。比如，政府可以设立科技创新中心、乡村创新示范基地，为科技人才提供实验室、研发设备和技术服务，帮助他们将创新思想转化为实际成果。与此同时，政府还可以与高校、科研院所合作，推动产学研结合，吸引更多科技人才到乡村开展创新项目。

（2）创业孵化平台也是吸引年轻人才和企业家的重要工具。政府可以设立专业的创业孵化器，提供办公场所、设备支持、市场资源对接等服务，帮助创业者降低初创成本，提高创业成功率。此外，通过设立创业竞赛、创客空间等平台，激发年轻人的创业热情，鼓励他们在乡村创业。

（3）在创新创业环境的营造中，税收减免与贷款优惠政策也是非常重要的激励措施。乡村创业者往往面临资金不足的困境，政府可以通过减免初创企业的税收负担，或者提供低息贷款，帮助他们度过创业初期的难关。同时，政府还可以鼓励金融机构加大对乡村创业项目的资金支持力度，推出针对乡村创业者的专属贷款产品，确保他们能够获得足够的资金支持。

（4）为了进一步优化乡村的创业环境，政府还应着力完善法律法规和服务体系。这包括优化营商环境，简化企业注册、报税等流程，提供更加便捷的行政服务。此外，政府可以通过完善知识产权保护体系，确保乡村创业者的创新成果得到法律的保障，从而激发更多人才的创新积极性。

（5）在营造良好的创业环境时，政府和企业应注重创新生态的形成，鼓励跨领域合作与资源共享。通过搭建产业集群，促进乡村与城市企业之间的技术交流与合作，可以增强乡村创业者的资源获取能力和竞争力。例如，在农业领域，政府可以推动农业科技的应用，通过智能化农业技术的推广，为创业者提供技术支持，帮助他们在农业领域实现更高的生产效率和经济效益。

此外，政府应鼓励和支持乡村特色产业的发展，以吸引相关领域的人才前来创业。每个乡村都有其独特的资源优势，例如特有的农产品、手工艺品、旅游资源等。政府可以通过政策扶持和市场推广，帮助这些特色产业实现现代化和品牌化，吸引更多人才投入到相关领域的创业与创新中，从而推动乡村产业的多元化发展和升级。

通过政府、企业、金融机构以及高校等多方协作，乡村的创新创业生态可以逐渐形成，这不仅有助于吸引外来人才，还能够培养本土的创新力量，为乡村经济的可持续发展注入新的活力。

第四节　乡村人才留用与社区融入

人才的引进只是乡村发展的第一步，如何有效留住人才，并促使其融入社区，实现长期扎根和持续贡献，是乡村振兴的重要课题。本节将从文化认同、职业发展、心理支持及生活保障四个方面，探讨乡村人才的留用策略与社区融入机制。

一、文化认同与归属感培养

留住乡村人才不仅依赖物质条件，还需通过文化认同与归属感的培养，使人才愿意与乡村共同成长和发展。文化认同感是人才与乡村建立深厚联系的前提，归属感则是他们长期扎根的动力。为此，政府、企业及社区需要协同努力，创造出能够吸引和留住人才的文化氛围。

首先，通过多样化的文化活动促进乡村人才与当地居民的互动交流。例如，乡村节庆、文化交流会、艺术展览、体育赛事等活动，能够拉近人才与当地居民之间的距离，加深彼此的情感联结。这类活动不仅有助于人才了解和融入乡村的文化传统，也能激发他们对乡村生活的热爱与认同感。社区志愿服务活动也是一个有效的途径。通过组织人才参与乡村的公益活动，如环境保护、社区发展、教育支持等，既能促进人才对乡村的了解，也能提升他们的责任感与归属感。

其次，乡村应加强对本土文化的保护与推广，充分挖掘地方独特的文化资源，并将其融入乡村的日常生活和发展规划中。例如，可以通过建设文化品牌、开发具有地方特色的文化产业等方式，让乡村文化成为吸引人才的"软实力"。在这种环境下，人才不仅会将乡村视为工作和谋生之地，更会视其为长期安居的家园，培养出深厚的归属感。

最后，乡村文化的创新和现代化也是增强人才认同感的重要途径。通过引入现代文化元素，将传统与现代相结合，打造出既保留本土特色又具备现代吸引力的文化生态，能够有效吸引年轻人才并促使他们融入乡村。这不仅可以在文化层面增强人才对乡村的认同，还能为乡村的长远发展提供文化软实力支撑。

二、职业发展路径规划

提供明确且可持续的职业发展路径是乡村人才留用的核心策略之一。很多人才在选择是否留在乡村时，最为看重的就是他们未来的职业发展空间。如果在乡村的工作只是短期的就业机会，而缺乏长远的职业发展潜力，很多人才很难坚持留下。因此，政府、企业及相关组织应共同努力，为乡村人才设计多样化、具有吸引力的职业发展规划。

首先，构建清晰的人才晋升机制。通过设立公开透明的晋升制度，确保优秀人才能够通过努力得到应有的回报。例如，定期的绩效考核与评估机制可以帮助发现和激励有潜力的人才，为其提供更多的晋升机会。同时，政府和企业可以通过合作，设计符合不同岗位特点的职业晋升通道，例如在农业技术、管理、电子商务等领域，分别设立专业化的职业成长体系，确保人才在各自领域都有明确的职业上升路径。

其次，建立系统的职业技能提升计划。定期开展技能培训、职业指导、岗位轮换等活动，帮助乡村人才不断提升自己的职业能力和竞争力。例如，在农业领域，可以组织人才参加先进农业技术的培训，如智能农业、精准农业等；在电子商务领域，提供电商运营、网络营销等专业培训，帮助人才更好地掌握现代经济发展的趋势。通过不断提升人才的技能，使他们在乡村工作中获得更多的成就感和职业自豪感。

最后，鼓励并支持乡村人才创业。政府和企业可以通过提供政策扶持、资金支持、资源引导等方式，为人才提供更多的创业机会。例如，设立创业基金、提供税收减免政策、简化创业流程等措施，可以有效激励人才选择在乡村创业。通过创业，人才不仅能实现个人价值，还能为乡村创造新的经济增长点，促进乡村的可持续发展。

三、心理支持与生活保障

除了职业发展和文化认同,心理支持与生活保障也是乡村人才留用过程中不可忽视的重要因素。乡村生活虽然宁静祥和,但相较于城市,可能在基础设施和社交资源上存在一定的不足,容易导致部分人才产生孤独感和焦虑情绪。为此,政府和社区需要从多个方面为人才提供必要的心理支持与生活保障。

首先,建立完善的心理辅导服务。人才在适应乡村生活的过程中,难免会遇到一些心理上的不适应,如孤独感、社交圈狭窄等问题。为此,可以通过设置心理健康咨询中心、定期组织心理健康讲座、开展心理辅导活动等,帮助人才有效应对心理压力,保持积极的心态。这些服务不仅有助于人才个人的心理健康,还能促进他们在乡村社区中建立更紧密的社交关系,从而提升其对乡村生活的适应能力。

其次,提升乡村的生活保障水平。在基础设施方面,政府应加大对乡村公共服务领域的投入,特别是在教育、医疗、交通等方面,提升人才生活的便利性和舒适度。例如,完善乡村的医疗卫生体系,确保人才及其家属能够获得优质的医疗服务;改善教育资源配置,为人才子女提供良好的教育环境;完善交通网络,增强乡村与外界的联系,为人才的工作和生活提供更多便利。通过这些措施,确保人才在乡村不仅能获得职业成就感,还能在生活上感到安心和舒适,从而更愿意长期扎根乡村。

最后,政府还应考虑为乡村人才提供住房保障。可以通过政府补贴、住房贷款优惠等政策,帮助人才解决住房问题,进一步增强他们的归属感。例如,乡村地区可以开发人才公寓或提供经济适用房,确保人才能够以合理的价格获得居所,从而降低生活成本,增加他们在乡村长期居住的可能性。

四、社会融入与社区参与

人才融入乡村社区的关键在于参与社区事务和公共活动。通过参与社区管理与公共决策,人才能够与当地居民建立更加紧密的联系,并逐步成为社区的一部分。这不仅有助于提升人才的归属感,还能增强他们的社会责任感和使命感。

首先,政府应鼓励人才积极参与乡村社区的公共事务,例如担任社区志愿者、参与村委会管理、组织社区文化活动等。通过这种方式,人才能够在与居民的互动中加深对乡村的了解,并在社区中发挥积极作用,提升个人价值感。

其次,社区应积极为人才提供融入平台。例如,可以设立人才联谊会、社团组织等,让人才通过参与这些团体活动,结识更多志同道合的朋友,拓宽社交圈,增强对乡村生活的归属感。

通过文化认同的增强、职业发展路径的规划、心理支持与生活保障的提供,以及社区融入的促进，乡村能够有效留住引进的人才，确保他们不仅愿意扎根乡村，更能够在乡村社区中找到长久的归属感与成就感。这一系列措施为乡村的可持续发展提供了坚实的人才支撑。

乡村人才振兴的策略与实践

第七章 乡村 CEO 的领导力与团队管理

第一节 领导力在乡村治理中的作用

一、领导力的核心要素

党的二十届三中全会提出"深化人才发展体制机制改革""促进城乡要素平等交换、双向流动，缩小城乡差别，促进城乡共同繁荣发展"。在当今中国，随着乡村振兴战略的深入推进，培养具有现代管理理念和领导能力的职业经理人显得尤为重要。乡村 CEO 前身是农村职业经理人和乡村运营师，作为盘活乡村资源、提振集体经济、带领乡村发展的领头羊，乡村 CEO 领导力的核心要素包括以下几个方面。

（一）产业规划能力

一方面，乡村 CEO 需要具备对农业产业发展的深入理解和规划能力。这包括了解农业生产全过程、农产品加工、销售以及农业科技的应用等方面，能够根据当地资源条件和市场需求，制定出科学、合理、可行的产业发展规划。需要对农作物种植结构、农产品加工、销售等环节的全面规划，以确保农业生产的高效性和市场竞争力。另一方面，乡村 CEO 还应具备农村资产和产业的管理能力，具有高效的资源整合能力和创新思维。乡村 CEO 需要熟悉土地流转政策，合理配置土地资源；有效管理和运营乡村资产和产业，提高资产的使用效率和经济效益。同时，加强对乡村基础设施和公共服务设施的管理，了解如何利用当地的自然资源和社会资源，发展乡村旅游、特色小镇等新兴业态，提升乡村的综合价值。

（二）政府与市场对接能力

高效的政府与市场对接是推动乡村振兴的关键。乡村 CEO 需要深刻理解国家和地方政府的相关政策，确保村庄发展的方向与国家政策导向一致。乡村 CEO 要积极与地方政府部门沟通，为村庄发展提供坚实的保障，争取各级政府的政策支持和资金、技术的投入。与政府部门合作开展各类项目，如基础设施建设、产业扶持等，提升村庄的整体发展水平。同时,进行市场调研获取市场信息,了解市场需求和竞争态势,将乡村产品推向市场,建立品牌,拓宽销售渠道,提高村庄农产品的市场竞争力。

(三)公司财务和产品营销能力

财务管理和市场营销是乡村 CEO 运营乡村的重要技能。这要求他们掌握基本的财务管理知识,合理规划和使用资金,懂得如何进行成本控制、预算编制和财务报表分析,以实现企业的可持续发展。乡村 CEO 应具备一定的市场营销能力,了解消费者需求、制定营销策略、运用新媒体工具进行产品推广,通过品牌建设和营销推广,提升产品的市场知名度和占有率。通过各种渠道推广村庄的特色产品和旅游资源,提升村庄的知名度和美誉度。

(四)组织能力

作为领导者,乡村 CEO 需要具备强烈的责任感和使命感,能够凝聚村民共识,带领乡村团队面对挑战,激发村民的参与热情,共同推动乡村振兴战略的实施。通过组织村民大会、进行家访、开展文化活动等方式,鼓励村民提出意见和建议,倾听村民声音,了解村民的需求和期望,增强村民的归属感和自豪感,形成共同推动乡村发展的强大合力。正如中国农业大学李小云教授所言:"乡村 CEO,不是把乡村变成纯经营性的场所,而是把农民组织起来,在乡村中植入市场要素,做一种有机的城乡融合。"

二、领导力对乡村发展的影响

通过科学规划、创新管理和有效执行,乡村 CEO 能够带领村民共同致富,实现乡村振兴的目标。通过云南、浙江、四川等多省份多个试点村的实践,可以看到乡村 CEO 引领乡村发展具有重要的推动作用。乡村 CEO 的领导力给乡村的发展带来的积极影响是多方面的。

(一)乡村经济效益的提升

1. 基础设施改善

CEO 模式打破了传统的本地能人承包或外来公司运营的二元模式,真正让村民成为乡村资产的受益者,发展壮大集体经济,把发展收益留在了村里。在乡村的运营中,不论一个村庄是发展传统农业还是农文旅产业结合,最基础的就要进行乡村硬件设施的建设和环境的打造提升。乡村 CEO 通过制定优惠政策和营造良好的投资环境,吸引外部资金和企业进驻乡村,推动乡村基础设施建设和产业发展。例如云南省昭通市彝良县的云中苗寨,走进这个苗族聚居的村庄,你会感到整个村庄的清新与活力,村中的道路干净整洁,村容村貌与过去相比有了翻天覆地的变化,人居环境得到持续改善。

2. 推动产业振兴

乡村 CEO 通过科学规划农业产业、对接政府和市场资源，能够有效提升农业生产的附加值和市场竞争力，加速产业振兴。引入现代化管理理念和技术手段，推动传统农业向现代农业转型，提高农业生产效率和产品质量。例如，通过引入现代农业技术和管理方法，实现精准种植和养殖，提高农产品的质量和产量，从而增加农民收入。

3. 促进村民增收

乡村 CEO 深入分析所在村庄的自然资源和文化资源，挖掘具有市场潜力的特色产业，如生态农业、乡村旅游、手工艺品、文创产品等。乡村 CEO 注重品牌建设，通过注册商标、申请地理标志产品等方式，提升产品的知名度和美誉度，增强市场竞争力。乡村 CEO 推动特色产业的上下游发展，形成完整的产业链条，提高附加值，增加村民的收入来源。在运营村庄的过程中多以合作社的方式进行，村民可以参与年底分红，得到实实在在的经济利益。

4. 优化资源配置

乡村 CEO 通过合理规划和配置资源，提高资源利用效率。例如，通过土地流转、合作社经营等方式，整合盘活村庄土地、资金、技术、人力、闲置房屋等资源，实现规模化、集约化经营。

（二）乡村社会效益的增进

1. 提升社区治理水平

乡村 CEO 在村庄经营过程中，通过建立现代企业管理制度，提高村集体经济的管理效率和透明度，增强村民对村集体经济的信任和支持。同时，乡村 CEO 在推动经济发展的同时，注重社区治理和公共服务的改善，如加强环境保护、建立村规民约、提升教育水平、进行职业技能培训等，提高乡村居民的生活质量。村民对公共事务的参与度得到提高，主人翁意识逐步增强。

2. 增强村民凝聚力

乡村 CEO 注重挖掘和传承乡村文化，通过组织各类文化活动和社会服务，增强村民之间的交流和合作，提升村庄的凝聚力和向心力。例如，举办文化节、体育赛事等，丰富村民的文化生活，增进邻里关系。通过开展这些活动，保护和传承乡村传统文化，提升村庄的知名度和美誉度，增强乡村的文化自信和村民的凝聚力。通过文化创意产业的发展，提升村庄的文化软实力。例如，通过开发传统手工艺品、举办民俗文化节等活动，弘扬乡村文化，增强村民的文化自信。

3. 激发村民创业热情

乡村 CEO 通过发展乡村产业，让乡村有了更多的就业创业机会，吸引了外出务工年轻人回流乡村，缓解了城市就业压力和乡村的空巢化空心化现象，实现了在家门口就业。乡村CEO通过示范引领和培训指导，激发村民的创业热情和创新能力。例如，通过开展创业培训、提供技术支持等方式，帮助村民创办家庭农场、农家乐等新型农业经营主体。

（三）乡村生态效益的改善

1. 制定科学规划

乡村CEO在制定乡村发展规划时，始终坚持因地制宜，将生态环境保护放在首位，确保经济发展与环境保护相协调，对当地进行"小改造"而不搞"大开发"。乡村CEO组织专家团队对乡村生态环境进行全面评估，识别存在的环境问题和风险点，为制定针对性的治理措施提供依据。不仅关注当前的环境问题，还着眼于未来的可持续发展，制定长期的环境治理和生态保护规划。

2. 坚持绿色发展

在农产品上，乡村CEO鼓励和支持农民采用有机种植方式，减少化肥和农药的使用，降低农业生产对环境的污染。推广循环农业模式，如秸秆还田、畜禽粪便资源化利用等，实现农业废弃物的资源化、减量化和无害化。乡村CEO引导农民开展生态养殖，控制养殖规模、优化养殖结构、提高养殖效率，减少养殖业对环境的负面影响。

3. 加强环境治理

乡村CEO推动农村垃圾分类工作，建立完善的垃圾收集、处理和资源化利用体系，减少生活垃圾对环境的污染。加强生活污水和工业废水的处理设施建设，提高污水处理能力和水平，防止水体污染。乡村CEO组织村民开展植树造林，种草种花美化绿化庭院，增加乡村绿化面积，改善乡村生态环境。

4. 提升环保意识

乡村CEO通过举办活动、发放宣传资料等方式，向村民普及环保知识，增强村民的环保意识和责任感。乡村CEO以身作则，带头践行环保理念，通过示范引领作用，带动更多村民参与到环保行动中来。乡村CEO鼓励村民积极参与环保活动，如垃圾分类、植树造林等，形成人人关心环境、人人参与环保的良好氛围。

第二节　团队建设与激励机制

一、团队构建与结构优化

团队是现代组织中广泛采用的一种组织结构，结构灵活、反应迅速，已经成为组织提高竞争力的一种基本手段。乡村CEO团队在工作中拥有带领乡村共同致富的共同目标，是相互间紧密协作并相互负责的政治群体，所以团队建构与结构优化是推动乡村全面振兴、实现农业农村现代化的关键所在。一个高效、专业的乡村 CEO 团队，能够整合资源、制定策略、引领发展，为乡村注入新的活力与动力。

（一）明确团队定位

乡村 CEO 需要明确团队的目标和愿景，确保团队成员对共同的目标有清晰的认识和共识。这有助于激发团队成员的积极性和创造力，增强团队的凝聚力和向心力。

（1）战略引领者。乡村 CEO 团队需具备前瞻性视野和战略思维，能够准确把握乡村振兴的方向和趋势，为乡村发展提供明确的战略规划。

（2）资源整合者。乡村 CEO 团队需擅长整合各类资源，包括政策、资金、技术、人才等，为乡村发展提供有力支持。

（3）执行推动者。乡村 CEO 团队需具备强大的执行力和组织协调能力，确保各项政策措施得到有效落实，推动乡村发展取得实效。

（二）优化团队结构

根据团队成员的专业背景和能力特点，进行合理的分工和协作安排。确保每个成员都能发挥自己的专长，提高工作效率和质量。

（1）多元化背景。团队成员应来自不同领域，如农业、经济、管理、科技等，以形成互补优势，提升团队整体实力。

（2）专业能力突出。团队成员应具备扎实的专业知识和丰富的实践经验，能够针对乡村发展中的具体问题提出切实可行的解决方案。

（3）年轻化与本土化。注重选拔当地年轻有为、熟悉乡村情况的人才加入团队，为团队注入新鲜血液和活力，积极引进具有丰富经验和专业知识的外部人才，同时增强团队与乡村的紧密联系。通过与外部专家、学者和企业的合作，拓宽团队的视野和思路。

（三）强化团队建设

塑造积极向上、团结协作的团队文化，增强团队成员的归属感和认同感。通过举办各类文化活动和社会服务，增进团队成员之间的交流和合作。

（1）培训与学习。定期组织团队成员开展专业培训和学习交流活动，提升团队成员的专业素养和综合能力，保持团队的先进性和竞争力。

（2）沟通与协作。建立有效的沟通机制，促进团队成员之间的信息共享和协同合作，形成工作合力。建立有效的反馈机制，及时收集团队成员和村民的意见和建议，不断改进和完善团队的工作方式和方法。

（3）激励与约束。制定科学合理的激励机制和约束机制，激发团队成员的积极性和创造力，同时确保团队行为的规范性和合规性。对团队成员的工作表现进行客观评价，并给予相应的奖励和惩罚。通过物质激励和精神激励相结合的方式，激发团队成员的工作热情和创新精神。为团队成员提供职业发展的机会和平台，帮助他们实现个人价值和团队目标的双赢。

（四）聚焦核心任务

（1）产业振兴。围绕乡村特色产业，推动产业结构优化升级，提高产业附加值和市场竞争力。

（2）人才振兴。加强乡村人才培养和引进工作，注重培养当地村民，打造一支留得住、用得上、干得好的乡村人才队伍。

（3）文化振兴。深入挖掘乡村文化资源，传承和弘扬优秀传统文化，提升乡村文化软实力。

（4）生态振兴。坚持绿色发展理念，加强生态环境保护和治理，打造宜居宜业宜游的美丽乡村。

（5）组织振兴。加强基层党组织建设，提升基层党组织的组织力和凝聚力，为乡村振兴提供坚强组织保障。

（五）创新工作机制

（1）项目化运作。将乡村振兴的各项任务具体化为一个个项目，实行项目化管理，明确责任人、时间表和路线图，确保任务落到实处。

（2）数字化赋能。利用现代信息技术手段，如大数据、云计算等，提升乡村治理的智能化水平，提高服务效率和质量。

（3）社会化参与。鼓励和支持社会各界力量参与乡村振兴事业，形成政府引导、市场主导、社会参与的多元共治格局。

实践与运用：高效团队建设5W1H方法

高效团队建设的方法不止一种，可以借助常规的管理工具来简化团队建设工作，这里介绍5W1H的方法来建设高效团队。

高效团队建设中的5W1H是指：我们是谁（who）、我们在哪里（where）、我们要成为什么（what）、我们什么时候采取行动（when）、我们怎样行动（how）、我们为什么如此行动（why），通过明确这几个方面的问题建立高效团队。

我们是谁，即团队成员对自我的深入认识，乡村CEO要明确团队成员具有的优势和劣势、对工作的喜好、处理问题的解决方式、基本价值观差异等；通过这些分析，在团队成员之间形成共同信念和一致的对团队目的的看法，以建立起团队运行的游戏规则。

我们在哪里，即每一个团队都有其优势和弱点，而团队要取得成功又必须面对外部的威胁与机会，乡村CEO通过分析团队所处的环境来评估团队的综合能力，找出团队目前的综合能力与要达到团队目的所需能力之间的差距,以明确团队如何发挥优势、回避威胁、提高迎接挑战的能力。

我们要成为什么,即以团队的任务为导向,乡村CEO要使每个团队成员明确团队目标、行动计划,为了能够激发团队成员的激情,应树立阶段性里程碑,使团队对任务目标看得见、摸得着,创造令成员兴奋的幻想。

我们什么时候采取行动,即在合适的时机采取合适的行动是团队成功的关键。乡村CEO要能把握项目运营中的关键节点,团队任务的启动,团队遇到困难或障碍时把握时机进行分析与解决,团队面对内、外部冲突时把握时机进行舒缓或消除,并取得相应的资源支持等,都必须因势利导。

我们怎样行动,即团队运行问题,指团队内部如何进行分工、不同的团队角色应承担的职责、履行的权力、协调与沟通等,因此,团队内部各个成员之间也应有明确的岗位职责描述和说明,以建立团队成员的工作标准。

我们为什么如此行动,即为什么要加入团队这个问题。乡村CEO要带领团队高效运作,必须让团队成员清楚地知道他们为什么要加入这个团队,这个团队运行成功与失败给他们带来的正面和负面的影响是什么,以增强团队成员的责任感和使命感。

二、激励机制设计与实施

乡村CEO对村民激励机制的设计与实施是推动乡村振兴和村庄发展的重要环节。建立一套科学、合理、有效的激励机制,激发村民的积极性和创造力,为乡村振兴提供有力支持。

(一)激励机制的设计

1. 物质激励

通过合作社模式,促进资源的整合和优化配置,让村民共享经济发展的成果。提高经济效益,同时让村民分享到更多的经济利益。将村集体经济收益的一部分用于村民分红,按照村民的贡献或家庭人口等因素进行分配,直接增加村民的收入来源。这可以激发村民的积极性和参与度,使他们更加投入于村庄的发展中。通过提供资金、技术、市场信息等方面的支持,鼓励村民发展特色种植、养殖、加工等产业,增加村民的经营性收入。积极引导和支持村民外出务工或就近就地转移就业,通过提供就业培训、岗位推荐等服务,帮助村民实现稳定就业和收入增长。

2. 精神激励

设立"美丽庭院""模范家庭""优秀合伙人"等荣誉称号,定期评选表彰。这种荣誉激励可以增强村民的自豪感和归属感,满足村民的高层次需要,激发他们的积极性和创造力。结合当地实际举办文化活动和民俗活动,提升村民的社会地位和自我价值感。文化活动可以丰富村民的精神生活，增强社区的凝聚力和向心力。提供技能培训帮助村民提升自身能力，提高村民的技能水平和就业竞争力，为他们提供更多的就业机会和发展空间。另外，村民在乡村运营过程中的积极参与，能让他们感受到劳动的意义和价值，从而有了成就感和贡献感。

（二）激励机制的实施要点

（1）明确激励目标。乡村CEO需要明确激励目标，确保激励机制与村庄发展目标和愿景相一致。这有助于激发村民的积极性和创造力，增强村庄的凝聚力和向心力。

（2）制定绩效考核标准。根据村民的工作职责和岗位要求，制定科学、客观、公正的绩效考核标准。通过定期评估和反馈，让村民了解自己的工作表现和改进方向。

（3）设计多样化激励措施。结合物质激励和精神激励，设计多样化的激励措施。例如，提供具有竞争力的薪酬待遇、晋升机会、培训学习机会等，以满足不同村民的需求和期望。

（4）建立公平公正的奖励机制。确保奖励机制的公平性和公正性，避免出现偏袒或歧视现象。通过公开透明的评选和表彰程序，树立榜样和典型，激发村民的竞争意识和进取心。

（5）注重激励的及时性和有效性。及时对村民的优秀表现进行肯定和奖励，增强激励的时效性和针对性。同时，关注激励效果的评估和反馈，不断调整和完善激励机制。

（6）建立反馈机制。建立有效的反馈机制，及时收集村民的意见和建议，不断改进和完善激励机制。通过定期的满意度调查和意见征集活动，了解村民的需求和期望。

（7）加强沟通与协调。乡村CEO需要加强与村民的沟通与协调，了解他们的需求和期望，及时解决他们在工作和生活中遇到的问题。通过建立良好的沟通渠道和机制，增强村庄的信任和合作。

第三节　冲突解决与决策制定

一、冲突识别与调解技巧

冲突是一种普遍存在的社会现象，其形式是多种多样的，具有客观性和双重性。乡村CEO在推动乡村的发展，带领乡村共同致富的过程中，难免会遇到各种冲突。乡村CEO要能正视冲突，在调解冲突时，需要运用一系列的技巧和策略来确保冲突得到妥善解决。

(一)冲突识别

1. 观察行为变化

乡村 CEO 需要具备敏锐的洞察力,对村里的人和事要熟悉,能够及时发现潜在的冲突。注意村民之间的互动方式,是否出现明显的紧张、冷漠或避免交流的情况。这些行为变化可能是冲突的早期迹象。关注村民的情绪变化、行为异常以及村庄内外部环境的变化等。留意是否有村民频繁地表达不满或抱怨,这可能是对某些问题或情况的不满情绪的体现。审视村庄内的利益分配和资源配置情况,看是否存在不公平或不合理的现象。利益冲突是引发冲突的常见原因。

2. 倾听意见与反馈

乡村 CEO 需要主动与村民交流,了解他们的想法和感受。通过倾听,可以发现潜在的分歧和不满。鼓励村民提出意见和建议,以便及时发现并解决问题。开放的沟通渠道有助于村民表达自己的观点和诉求。关注社区内的舆论和流言蜚语,这些往往反映了村民的真实想法和担忧。社会动态的变化可能预示着潜在的冲突。留意是否有小团体或派系形成,这可能导致社区分裂和冲突加剧。

3. 培养敏感度

乡村 CEO 也需要关注不同群体或个体之间的利益诉求差异,以及这些差异如何影响他们的关系。要努力提高自己的同理心,更好地理解村民的情感和需求。敏感度有助于捕捉到微妙的情绪变化和潜在问题。学会从非言语线索(如面部表情、肢体语言)中读取信息,以更全面地了解村民的真实想法。与其他村干部、社区领袖或外部机构保持联系,获取他们对村庄情况的看法和建议。第三方的视角可能提供新的见解和信息,帮助乡村 CEO 发现自身可能忽略的问题。

(二)冲突调解技巧

1. 倾听与理解

乡村 CEO 要认真倾听各方的观点和诉求,确保每个人都有机会表达自己的意见,这有助于了解冲突的根源和双方的需求。尝试站在各方的立场上思考问题,以增进相互理解,这有助于找到双方都能接受的解决方案。为了预防和减少冲突的发生,乡村 CEO 需要建立长效机制。例如,定期召开村民大会、设立意见箱等,让村民有渠道表达自己的意见和建议。

2. 保持中立

作为调解者,乡村 CEO 应保持客观公正,不偏袒任何一方。这有助于建立双方对调解者的信任。避免使用带有偏见的语言或行为,以免加剧冲突。保持冷静和理性对于调解成功至关重要。通过公正、透明的调解过程,培养双方对调解者的信任。信任是调解成功的基础,也是双方愿意接受解决方案的前提。鼓励双方建立长期的合作关系，以减少未来的冲突可能性。长期的信任关系有助于预防冲突的发生。

3. 识别共同点

鼓励双方进行开放、诚实的对话，以便更好地理解彼此的立场。有效的沟通是解决冲突的关键。提供对话框架或指导原则，帮助双方有序地交流意见。这有助于避免情绪化的争吵和误解。寻找双方的共同利益或目标，以此作为调解的基础。共同点可以作为解决冲突的出发点。强调双方的共同价值观或社区规范，以促进共识的形成。共同的价值观有助于增强双方的合作意愿。

4. 提出解决方案

根据冲突的性质和特点，以及冲突双方的意见和需求，乡村CEO需要采取灵活的调解策略。解决方案应具体、明确且可操作。鼓励双方共同参与解决方案的制定，以增加其接受度和执行力。共同参与有助于增强双方对解决方案的认同感。协助双方进行协商，寻求双方都能接受的妥协方案。协商是一个相互让步的过程，需要耐心和灵活性。强调妥协的重要性，以及其对维护社区和谐的作用。妥协是解决冲突的一种成熟方式，有助于维护长期的关系和稳定。调动社区内的资源和支持，如邀请其他村民或专家参与调解。社区资源可以为调解提供更多的视角和支持。借助社区规范或传统习俗，为调解提供文化支持和依据。社区的文化背景可以为调解提供独特的解决方案和智慧。

5. 记录与跟进

记录调解过程中的关键点和达成的协议，以便后续跟进。记录有助于确保双方的承诺得到履行，并为未来的合作提供参考。定期跟进双方的执行情况，确保协议得到有效落实。跟进是确保调解成果得以巩固的重要环节。引导双方关注未来的合作与共赢，而不是过去的纷争。展望未来有助于双方放下过去的恩怨，共同向前看。设定共同的目标或愿景，以激励双方共同努力实现。共同的目标可以成为双方合作的动力和方向。乡村CEO需要不断学习和提升自己的冲突识别与调解能力。通过参加培训、阅读相关书籍、交流经验等方式，不断提高自己的专业素养和实践能力。

二、科学决策与风险管理

作为带领乡村发展、实现集体增收的领舵者，在推动乡村振兴和村庄发展的过程中，乡村CEO需要把握时机，做出大量的决策，科学决策与风险管理是不可或缺的重要环节。在决策中，要注意以下方面。

（一）科学决策

1. 明确决策目标

乡村CEO在进行科学决策时，需要明确决策的目标和愿景。这有助于确保决策的方向和重点，避免偏离主题。确定清晰的长期和短期目标，这些目标应与村庄的整体利益和发展愿景相一致。目标的明确有助于指导决策的方向和重点。确保所有决策都围绕这些目标进行，以保持战略一致性和连贯性。

2. 收集信息与分析数据

全面的信息收集是做出明智决策的基础。为了做出科学、合理的决策，乡村CEO需要充分收集相关信息和数据，包括经济、社会、环境等多个方面。具体来说，要了解村庄的基本情况、资源状况、市场需求等，以便为决策提供有力的支持。利用现代技术手段（如互联网、大数据等）提高信息收集的效率和准确性。

3. 制定多种方案并理性选择

根据决策所需信息的分析结果，乡村CEO需要制定多种可行的解决方案，并对每种方案进行详细描述和评估。通过对比不同方案的优劣，选择最优方案实施。制定备选方案，以应对可能出现的变化或突发情况。备选方案的准备可以提高决策的灵活性和适应性。对各种方案进行权衡利弊分析，考虑其成本、效益、可行性等因素。全面的权衡分析有助于做出理性的选择。根据村庄的实际情况和发展需求，确定各方案的优先级顺序。优先级的确定有助于资源的合理分配和使用。

4. 集思广益

乡村CEO在决策过程中，应确保决策过程的透明度和公正性，避免任何形式的偏见或不公。透明与公正是赢得信任和支持的关键。多咨询专家、学者或有经验的人士的意见，以获取更多的专业见解和建议。外部咨询可以提供新的视角和思路。鼓励村民参与决策过程，了解他们的需求和期望，以提高决策的接受度和执行力。透明的沟通有助于消除误解和疑虑，公开解释决策的原因和依据，以增加村民对决策的理解和支持。村民的参与有助于增强决策的民主性和合法性。

（二）风险管理

1. 风险评估与量化

对已识别的风险进行定性和定量评估，确定其发生的可能性（概率）和影响程度（后果）。这有助于区分哪些风险需要优先关注。可以使用风险矩阵或SWOT分析等工具，将风险按照严重程度进行排序，为后续的应对策略提供依据。鼓励团队成员和村民提供反馈意见，以便及时发现新的风险点并进行调整。

2. 风险应对策略制定

根据风险评估结果，制定相应的风险应对策略。这些策略可能包括风险避免（如改变决策方向）、风险减轻（如增加资源投入）、风险转移（如购买保险）或风险接受（如建立应急储备）。确保每个策略都有明确的执行计划和责任人，以便在风险发生时能够迅速响应。

3. 风险监控与预警

为了及时发现和应对潜在风险，乡村 CEO 需要建立风险预警机制。通过定期监测和评估风险因素，跟踪和评估风险的变化情况，提前采取预防措施。这可以通过设置关键指标、定期报告等方式实现。建立风险预警系统，当某些指标超过预设阈值时，及时发出警报并采取相应措施。

4. 制定应急预案

在做出决策前，乡村 CEO 需要对每个方案的风险和收益进行评估。这有助于权衡利弊，选择最合适的方案。针对可能出现的风险事件，乡村 CEO 需要制定详细的应急预案。这有助于在风险发生时迅速响应，减少损失。通过完善内部管理制度和流程，乡村 CEO 可以加强对村庄事务的监督和管理，降低运营风险。为了分散风险，乡村 CEO 可以采取多元化的投资和经营策略。通过拓展业务领域和市场渠道，提高整体抗风险能力。

第四节 领导力提升与自我反思

一、领导力持续发展的路径

乡村 CEO 作为乡村发展的领军人物，领导工作的有效性对于乡村的运营和发展至关重要。面对日益复杂的市场竞争环境，乡村 CEO 必须不断努力，通过各种方式使自己的领导力得以持续发展。

（一）自我认知与提升

乡村 CEO 需要不断进行自我认知，了解自己的优点和不足。通过反思自己的领导风格、决策过程以及与他人的互动方式，找到需要改进的地方，并制定相应的提升计划。在实际工作中，乡村 CEO 需要将所学的领导力知识应用到实践中，并不断反思和总结经验教训。通过实践和反思，可以不断完善自己的领导能力。保持积极的心态和健康的生活方式对于乡村 CEO 的领导力发展同样重要。通过锻炼身体、放松心情等方式，可以保持良好的身心状态，更好地应对工作压力和挑战。

（二）积极参加学习培训

参加相关的领导力培训课程或研讨会，可以帮助乡村 CEO 学习新的领导理念和技巧。同时，阅读领导力相关的书籍和文章也是提升领导力的有效途径。面对不断变化的市场环境和政策环境，乡村 CEO 需要具备持续创新和变革的能力。通过关注行业动态、引入新技术和管理理念等，可以推动村庄的持续发展。

（三）建立良好的人际关系

与村民、团队成员以及其他利益相关者建立良好的人际关系，是乡村 CEO 领导力持续发展的重要保障。通过倾听他们的意见和需求，了解他们的期望和担忧，可以更好地满足他们的需求并赢得他们的支持。一个优秀的领导者需要懂得如何培养团队的合作精神。乡村 CEO 可以通过组织团队建设活动、鼓励团队成员之间的交流与合作等方式，增强团队的凝聚力和向心力。作为乡村 CEO，需要注重个人品牌的建设和维护。通过树立良好的形象和口碑，可以赢得更多人的信任和支持，为村庄的发展创造更多机会。

（四）寻求外部支持与合作

在必要时，乡村 CEO 可以寻求外部支持与合作来推动村庄的发展，加强与其他地方的乡村 CEO 交流。例如，可以与其他村庄或企业进行合作，共同开发市场或资源；也可以邀请专家或顾问提供指导和建议。

二、自我反思与领导力评估

乡村 CEO 的自我反思与领导力评估是两个相互关联、相辅相成的过程。自我反思是乡村 CEO 对自身领导行为和决策过程的深入思考，而领导力评估则是对乡村 CEO 领导能力的客观评价，对于提升乡村 CEO 的领导能力、促进乡村全面发展具有重要意义。

（一）乡村 CEO 的自我反思

1. 反思的内容

一是反思自己的领导风格是否适合当前的工作环境和团队特点，决策过程是否科学、合理，是否存在过于独断或犹豫不决的情况；二是思考自己在团队管理中的得失，如是否能够充分激发团队成员的积极性和创造力，与村民沟通方式是否有效，是否存在信息不对称或误解的情况；三是评估自己的战略规划能力，是否能够制定出符合乡村实际、具有前瞻性的发展战略，并确保战略的有效执行；四是反思自己在创新思维和实践方面的表现，是否敢于尝试新方法、新技术，是否能够将创新理念转化为实际成果；五是思考自己对社会的责任感和影响力，带动村民实现集体致富的效果如何，增收多少。

2. 反思的方法

设定固定的时间周期（如每月、每季度），乡村 CEO 进行自我反思，回顾过去的工作表现，总结经验教训。听取团队成员、村民以及其他利益相关者的反馈意见，可以帮助乡村 CEO 更全面地了解自己的领导表现。乡村 CEO 要养成记录工作日志的习惯，将每天的工作内容、思考和感悟记录下来，作为自我反思的素材。

（二）乡村 CEO 的领导力评估

领导力评估的内容主要包括以下几方面：一是战略规划能力，评估乡村 CEO 是否能够制定清晰、可行的乡村发展战略，包括产业规划、基础设施建设、人才培养等方面；二是资源整合能力，考察乡村 CEO 在盘活乡村内外资源方面的能力，如资金、技术、人才等关键要素，以有效支持乡村可持续发展；三是团队建设与管理能力，评估乡村 CEO 在组建高效团队、激发团队成员积极性、提升团队执行力等方面的能力；四是创新思维与实践能力，考察乡村 CEO 是否具备创新思维，能否将新理念、新技术应用于乡村发展中，并取得实际成效；五是乡村 CEO 的社会影响力，评估乡村 CEO 在乡村社会中的影响力，以及他们对乡村集体经济发展、人居环境改善等方面的贡献。

领导力评估首先要明确评估目标与标准，根据乡村发展的实际需求，明确评估的目标和标准，确保评估工作的针对性和有效性。其次是收集评估信息，可以通过设计问卷，开展问卷调查收集乡村 CEO 在领导力方面的相关信息；可以用面对面或电话访谈的方式，深入了解乡村 CEO 的领导行为和决策过程；也可以到乡村现场进行实地考察，观察乡村 CEO 在实际工作中的表现。再次是数据分析与处理，对收集到的信息进行整理、分类和分析，提取出有价值的数据和信息。最后撰写评估报告，根据数据分析结果，撰写乡村 CEO 领导力评估报告，提出改进建议和发展策略。

案例分享

乡村 CEO 的领导力实践案例

第八章 乡村 CEO 的创新思维与实践

第一节 创新思维在乡村发展中的应用

创新是指以现有的思维模式提出有别于常规或常人思路的见解为导向，利用现有的知识和物质，在特定的环境中，本着理想化需要或为满足社会需求，而改进或创造新的事物、方法、元素、路径、环境，并能获得一定有益效果的行为。思维是指在表象、概念的基础上进行分析、综合、判断、推理等认识活动的过程，或者说是指向理性的各种认识活动。显然，创新思维是一种有创见的思维，即人脑对客观事物未知成分进行探索活动，是人脑发现和提出新问题、设计新方法、开创新途径、解决新问题的活动。

一、创新思维的内涵与特征

（一）创新思维的概念

何名申在《创新思维修炼》一书中认为对于创新思维，可以从广义和狭义两个方面来进行解释。狭义的创新思维是指：一种新的理论的建立，新技术的发明或对新的艺术形象进行塑造的思维活动。思维成果的独创性这时显得尤为重要，是前所未有的，它要被社会承认并产生巨大的社会效应。广义的创新思维是指对自己不熟悉的问题进行思考，而且这种思维活动是没有现成的思路可以照搬的。它强调的是思维者思考的问题是生疏的，没有固定的思维程序和模式可以套用的思考活动的进行。

张晓芒在《创新思维方法概论》一书中认为创新思维可以看作是智力品质在思维上的一种表现，是在解决问题的过程中通过选择、突破和重新建构已有的知识、经验和新获取的信息，以新的认知模式把握事物的内在本质及规律，并进一步提出具有独特见解的符合人文精神的具有主动性和独特性的复杂思维过程。

（二）创新思维的特征

1. **创造性思维的独创性**

创造性思维活动是新颖的独特的思维过程，它打破传统和习惯，不按部就班，解放思想，向陈规戒律挑战，对常规事物怀疑，否定原有的框框锐意改革，勇于创新。在创造性思维过程中，人的思维积极活跃，能从与众不同的新角度提出问题，探索开拓别人没认识或者没完全认识的新领域，以独到的见解分析问题，用新的途径、方法解决问题，善于提出新的假说，善于想象出新的形象，思维过程中能独辟蹊径，标新立异，革新首创。

2. 创造性思维的多向性

创造性思维不受传统的、单一的思想观念限制，思路开阔，从全方位提出问题，能提出较多的设想和答案，选择面宽广。思路若受阻，遇有难题，能灵活变换某种因素，从新角度去思考，调整思路，善于巧妙地转变思维方向，产生适合时宜的新办法。

3. 创造性思维的综合性

创造性思维能把大量的观察材料、事实和概念综合一起，进行概括、整理，形成科学的概念和体系。创造性思维能对占有的材料加以深入分析，把握其个性特点，再从中归纳出事物规律。

4. 创造性思维的联动性

创造性思维具有由此及彼的联动性，是创造性思维所具有的重要的思维能力。联动方向有三个方向：一是看到一种现象，就向纵深思考，探究其产生原因；二是逆向，发现一种现象，则想到它的反面；三是横向，能联想到与其相似或相关的事物。总之，创造性思维的联动性表现为由浅入深由小及大，触类旁通，举一反三，从而获得新的认识、新的发现。

5. 创造性思维的跨越性

创造性思维的思维进程带有很大的跨越性，省略了思维步骤，思维跨度较大，具有明显的跳跃性和直觉性。

二、创新思维在乡村产业、治理中的实践

（一）创新思维在乡村产业中的实践

发展现代农业是新农村建设的着力点。要加快我国现代农业发展，必须增强创新意识、提高创新能力，从创新规范观念、创新政策体制、创新发展主体及创新发展道路入手来促进现代农业发展。

1. 创新规范观念，加快现代农业发展步伐

加快传统农业向现代农业转变是农业发展的根本方向，是贯彻落实科学发展观的基本要求。

第一，借鉴工业组织化程度高的理念，推进农业企业化、产业化进程。长期以来，我国分散的自我封闭式的小生产难以形成规模经济效益；农户缺乏有效的组织和分工

协作，生产经营经常处于盲目状态；农户势单力薄，市场渗透力弱，竞争力差，在交易谈判过程中处在弱势地位，这在一定程度上制约了农民增收目的的实现。因此，迫切需要发展专业合作经济组织，完善社区合作经济组织，培育农村股份合作经济组织，深化供销合作社改革，通过这些社会化服务组织来提高农民的组织化程度，推进农业企业化、产业化进程。

第二，借鉴工业效益至上的理念，强化集约经营，提高农业改造。农业生产的一个突出特点就是追求其最大效益，要实现最大效益，首先就是要降低其生产成本。如何降低其生产成本？根本途径就是推进农业的集约经营和专业化、规模化生产。

第三，借鉴工业注重科技创新的理念，加速农业科技进步。要加快农业科技研究和推广机构的改革，建立面向生产实际、适应未来发展趋势、具有国际竞争力的农业科技创新体系，加大农业科技投入，催生大批农业科研成果，提高科技成果转化率和对农业发展的贡献率；要建立农业技术培训基地，提高农民及时掌握和运用新技术的能力，使大批农民向科技能人、商人、经纪人、企业家转化，培养造就新一代有文化、懂技术、善管理、会经营的新型农民。

2. 创新政策体制，优化现代农业发展环境

农业是一个高风险、低收益的弱质产业，又是我国国民经济发展的基础和"晴雨表"，迫切需要得到支持与保护。在当今世界农业发展问题上，美国、日本和欧洲等发达国家和地区无一不是通过"输血"式的农业政策，给农业生产以各种补贴和优惠贷款，对农业科研和技术推广、水利基础设施建设、生态环境的治理和改善给予大量的投入，以弥补农业资本积累的不足，提高农业生产率。而1949年以来，我国长期通过工农业产品价格"剪刀差"等形式，实行"以农补工"的发展战略，农业得到的是弱化的支持，甚至是"负保护"，从而扩大了农业的弱质性，降低了农业的国际竞争力，影响了农民收入的增加。因此，需要借鉴发达国家和地区保护和支持本国农业的做法，建立健全我国农业的支持与保护体系。具体做法是实现"以农补工"向工业"反哺"农业的转变，放弃现行的保护价收购制度，采取以"绿箱政策"为主的支持与保护。科学制定好并切实执行好有利于现代农业发展的财税政策，加大财政支农的力度。实施支持现代农业发展的金融政策。与此同时，要加大信贷资金对农业的支持力度，健全重要农产品的储备调节制度和风险基金制度，建立与完善农业保险制度。

3. 创新发展主体，激活现代农业发展活力

建设新农村是一项长期、复杂、艰巨的系统工程，既需要全党全社会的合力联动，更需要广大农民群众主体作用的充分发挥。

一是要创新现代农业生产主体。农民是现代农业生产的主体，塑造和培育现代新型农民刻不容缓。二是要创新农业生产合作制组织，推进农地入股的股份合作制组织

或股份制组织的发展。三是要创新现代农业流通主体。着力培养农民经纪人，创新农产品大中型流通型组织以及创新流通中介组织。

4. 创新发展道路，促进现代农业又好又快发展

一是做大做强做优农产品加工企业。目前，我国现代农业发展中出现了一批有规模、有影响的农业产业化龙头企业如伊利集团、蒙牛乳业、双汇集团、鲁花集团等。这些企业以国内外市场为依托，以现代农产品标准化生产、加工和营销技术体系为支撑，以产业化经营为手段，把分散的农民组织起来，实行标准化、规模化大生产，成为我国现代农业发展的成功典范。应通过政策、资金、技术和管理上的扶持，不断发展、壮大这些龙头企业，并不断发展新的龙头企业，使其在推进我国现代农业发展的进程中发挥重要作用。二是大力扶持依托园区建设。全国各地相继建设了一大批现代化的农业园区，这些园区大都成为现代农业发展的示范样板，而且发展势头很好。大力扶持依托园区建设，促进农工企业集聚的规模农业发展。各地应结合自身的特点和资源优势，立足于高起点、高标准、高投入、高产出、高效益，建立更多的农业园区，综合运用现代农业科技成果、现代农业生产手段和现代农业经营管理方式，探索创新农业发展的形式（如种养大户型、股份合作型、产加销一体化型等），创新农工商企业集聚机制。通过农业园区的带动、辐射作用，推动农业现代化的进程。三是创新农产品基地建设。基地是指近几年发展起来的优质农产品生产基地，如优质麦生产基地、畜牧养殖基地、棉花基地、无公害蔬菜生产基地等。这些基地建设符合现代农业发展趋势，有利于提高农产品市场竞争力，应作为我国现代农业发展的主要增长点之一。要形成大宗农产品基地、特色农产品基地、高新技术农产品基地等多层次农产品生产基地或农产品生产带的合理空间布局；各地要按照农业农村部的整体规划，从本区域实际出发，制定本区域农产品生产基地建设规划。

（二）创新思维在乡村治理中的实践

乡村振兴战略下，乡村治理的创新有助于提升乡村治理的效率与成效。乡村治理的实质是通过精细而有效的管理方式，确保资源的最佳分配与利用，以及政策的迅速反应与执行。在传统模式中，乡村治理大多依靠经验和高层的指导，这就导致部分地区资源分配不均和信息传递不畅。创新的治理模式引入现代的管理思想与技术手段，例如利用实时的数据监控与分析系统，能即时捕捉到乡村发展的各种变化，迅速调整管理策略与资源配置。这种灵活高效的管理可确保乡村在面对突发事件时能迅速反应，有效提升了治理的整体功能和质量。同时，创新的乡村治理有助于增强社会参与和民主化程度。在传统的乡村治理结构中，决策往往由少数人做出，限制了大多数村民的参与。而创新的治理模式则强调民众参与和透明化的决策，激励村民在治理过程中提出建议和参与决策，使得决策过程更为公开和包容。这样的参与方式提高了政策的适用性和民众的满意度,也增强了村民的责任感和归属感。随着参与度的提升,村民对社区的投入和关注也相应增加,促进了社区内部的和谐与团结,增强了乡村地区的凝聚力。

此外,随着乡村振兴战略的推进,我国社会对乡村治理的法治化要求逐渐提高,这不仅需要改善现行的法律法规,更要创新法规的制定和执行过程。通过建立规范的法律体系,乡村治理创新为乡村社会活动提供了法律依据和操作规范,确保了乡村管理的合法性和正当性。法治化保障了村民的合法权益,也为实现社会公平和正义打下了法治基础。

决策透明度的提升有助于治理公平和效率的提高。这就需要对现代信息技术进行深入应用,尤其要建立一个综合性的在线信息平台。首先,平台需要整合与乡村治理相关的全部内容,涵盖政策制定、实施情况和效果反馈,使得政策的每个环节都能被公众轻松获取和理解。其次,在线平台应以用户友好和数据透明为中心,详尽展示政策文件、决策依据、执行进度及影响评估报告。其中,政策文件详述目的、策略及预期效果;决策依据公开支持政策的研究数据及专家意见,确保政策的科学性和合理性;执行进度实时更新,使村民可追踪政策执行状态和成果;影响评估则包括基于数据和实地调查后对政策效果的详细分析。同时,对于技术设施不足的乡村地区,政府应采取额外措施保证信息普及和理解。如定期在村社区举办政策宣讲会,政府官员、专家或指派代表应在宣讲会上详解政策意图和计划,解答疑问,收集反馈,并鼓励村民表达对政策的看法和建议,这样既有助于帮助村民了解政策,又提供反馈机制,方便调整和优化政策。最后,为加强乡村治理的民主参与,可成立由村民代表、农业专家和法律顾问组成的乡村治理咨询委员会,不仅提供咨询,也参与决策,定期讨论乡村发展的重要议题和策略。委员会的存在可确保政策制定更符合村民实际需求和乡村振兴目标,提高政策适应性和目标准确性。此外,为使政策执行准确无偏差,并提升执行的透明度和效果,建立有效的监督机制是必不可少的。为此,当地可成立独立监督小组或强化民间组织的作用,使其能获取所有相关政策文件和记录,定期审查和评估政策执行情况,同时监督报告应公开发布,供社会各界监督,提升政策公信力和效果。这些措施可显著提升乡村治理透明度,增强村民对政策的信任和满意度,促进治理体系的优化和进步,从而为乡村社区的持续发展和乡村振兴战略的落实奠定基础。

第二节 乡村发展模式创新

一、新型经营主体培育

随着我国农业现代化进程的推进,农业新型经营主体逐渐成为农业发展的重要力量。农业新型经营主体是指在市场经济条件下,以专业化、规模化、集约化为特征,具有独立法人地位,从事农业生产经营活动的各类新型农业经营组织。

(一)农业新型经营主体的概念与分类

农业新型经营主体是指在坚持家庭承包经营基础上,通过土地流转、资本联合技术合作、服务协作等方式,形成的具有一定规模、专业化、集约化、社会化的农业生产经营组织形式。这类主体通常具备较为先进的生产技术、管理经验和市场开拓能力,能够有效提升农业产出效益和市场竞争能力,是推进农业现代化的重要力量。

农业新型经营主体与传统小农户相比,更加强调市场导向、规模效益和产业链延伸。它们通过创新农业经营方式,优化资源配置,不仅提高了农业生产效率,还促进了农业供给侧结构性改革,对实现农业可持续发展具有重要意义。

农业新型经营主体大致可以分为以下五类。

(1)家庭农场。以家庭成员为主要劳动力,从事农业规模化、集约化、商品化生产经营,具有法人资格的农业经营主体。

(2)农民合作社。由农民自愿组成,以互助合作为基础,共同从事农业生产经营活动的经济组织。

(3)农业企业。以营利为目的,从事农业种养加、产供销一体化经营的独立法人。

(4)农业社会化服务组织。为农业生产提供产前、产中、产后服务的专业性服务组织。

(5)其他新型农业经营主体。如土地托管、联耕联种、农业共营制等新型经营方式。

各类农业新型经营主体在组织形式、经营规模、市场定位等方面各有特点,共同推动着我国农业现代化进程。通过对不同类型的新型经营主体进行分类指导和支持,有助于发挥各自优势,形成协同发展格局。

(二)农业新型经营主体的培育

农业新型经营主体的培育,离不开政策的引导和良好的发展环境。近年来,国家出台了一系列政策措施,旨在鼓励和引导农业新型经营主体的培育与发展。这些政策涵盖了财政支持、税收优惠、金融信贷、技术培训等多个方面,为农业新型经营主体创造了有利的发展条件。

财政支持方面,政府通过设立专项资金,对新型农业经营主体给予直接补贴,降低其生产成本。税收优惠方面,对符合条件的新型农业经营主体实施减免税政策,减轻其税收负担。金融信贷方面,通过政策性银行和商业银行,为新型农业经营主体提供低息贷款,缓解其融资难题。技术培训方面,政府组织各类培训活动,提高新型农业经营主体的管理水平和技术能力。

此外,政府还积极推动土地流转、农村集体产权制度改革等,为农业新型经营主体的发展提供更为广阔的空间。

(三)培育模式与路径

农业新型经营主体的培育模式多样,主要包括四种:家庭农场模式、鼓励农民合作社模式、农业企业模式、农业社会化服务体系模式。鼓励农民合作社模式是通过引导农民通过合作社形式,实现资源共享、风险共担、利益共享;农业企业模式是培育农业龙头企业,发挥其在农业产业链中的引领作用;农业社会化服务体系模式是发展各类农业社会化服务组织,为新型农业经营主体提供全方位服务。

培育路径主要包括以下四种。

(1)政策引导。通过政策宣传、培训等方式,提高新型农业经营主体的政策知晓度。

(2)资金支持。为新型农业经营主体提供财政资金、信贷资金等支持。

(3)推广运用。将先进适用的农业技术引入新型农业经营主体,提高其生产技术水平。

(4)市场开拓。帮助新型农业经营主体开拓市场,提高产品附加值。

(四)培育效果评价

通过对农业新型经营主体的培育效果进行评价,可以及时发现问题,为政策调整提供依据。培育效果评价指标体系主要包括以下四个方面。

(1)生产经营效益。包括产量、产值、利润等指标,反映新型农业经营主体的经济效益。

(2)农业技术水平。包括农业科技成果转化率、新技术应用率等指标,反映新型农业经营主体的技术能力。

(3)市场竞争能力。包括市场份额、产品质量、品牌知名度等指标,反映新型农业经营主体在市场中的竞争地位。

(4)社会效益。包括带动就业、促进农民增收、改善农村生态环境等指标,反映新型农业经营主体的社会影响。

农业新型经营主体的发展应继续深化政策支持,优化培育环境,加强人才队伍建设,提升市场竞争力。同时,研究工作可以从以下几个方面进行拓展:一是深化对不同类型农业新型经营主体的比较研究;二是关注新型经营主体在农业产业链中的作用与影响;三是探索新的培育模式与政策创新,以适应农业现代化发展的新要求。通过持续的研究与实践,为我国农业新型经营主体的健康发展提供理论支撑和政策建议。

二、乡村发展模式案例分析

农业发展模式是指能调动农民劳动积极性,引导农民走共同富裕道路的发展农业生产途径和方式。基本特点：一是适应中国人口多、底子薄、生产力水平较低的国情；二是示范性强，投资少、见效快，能较快让农民获得实惠；三是与一定时期党的方针、政策相符合，有旺盛的生命力；四是随时间、空间的不同，其内涵有一定差异。

（一）企业牵头 + 乡村开发 + 游乐业态 + 综合运营

1. 概念与内容

此模式以企业为主体，对乡村进行开发，引入游乐业态（如主题公园、游乐园等），并进行综合运营管理。

2. 模式优势

"企业牵头 + 乡村开发 + 游乐业态 + 综合运营"模式是一种以企业为主体，结合乡村开发，引入游乐业态并进行综合运营管理的乡村振兴模式。在这种模式下，企业通常会与当地政府或相关机构合作，共同投资并进行乡村开发。企业通过资金、技术和管理经验的引入，对乡村资源进行整合和提升，打造具有特色和吸引力的旅游产品。

（二）合作社牵头 + 村集体 + 平台运营

1. 概念与内容

合作社作为主导，联合村集体经济，利用平台化运营方式整合资源。

2. 模式优势

"合作社牵头 + 村集体 + 平台运营"模式是一种以合作社为主体，联合村集体经济，利用平台化运营方式整合资源，推动乡村振兴的模式。在这种模式下，合作社成为主要的组织者和实施者，负责整合和协调各方资源，推动乡村经济的发展。合作社通常是由当地农民自发组织成立的，具有较为完善的组织架构和运作机制。合作社通过与村集体经济合作，共同开发和利用乡村资源，提高资源利用效率和经济效益。

（三）家庭农场 + 外部资本 + 一产一业

1. 概念与内容

家庭农场为基础，引入外部资本，专注于某一产业或产品。

2. 模式优势

"家庭农场 + 外部资本 + 一产一业"模式是一种以家庭农场为基础，引入外部资本，专注于某一产业或产品，推动农业现代化和乡村振兴的模式。在这种模式下，家庭农场成为主要的经营主体，负责农业生产和经营。家庭农场通常是由农户家庭经营，具有一定的规模和专业化程度。通过引入外部资本，家庭农场得以扩大规模提高技术和管理水平，增强市场竞争力。

（四）乡村 + 新青年 + 生态农业 + 教育

1. 概念与内容

引导新青年返乡，发展生态农业，并与教育结合。

2. 模式优势

"乡村+新青年+生态农业+教育"模式是一种结合了乡村资源、新青年力量、生态农业和教育的综合发展模式，旨在推动乡村的可持续发展和振兴。在这种模式下，新青年成为乡村发展的重要力量。他们通常拥有较高的文化素质和创新能力，为乡村带来了新的思想和活力。新青年通过返乡创业、参与乡村建设等方式，将现代科技、市场理念和创意元素引入乡村，为乡村发展注入新的动力。

（五）政府主导+土地治理+文创+合作社运营

1. 概念与内容

政府引导，进行土地综合治理，结合文创产业发展，合作社参与运营。

2. 模式优势

"政府主导+土地治理+文创+合作社运营"模式是一种以政府为主导，通过土地综合治理结合文化创意产业，由合作社进行运营管理的乡村振兴模式。在这种模式下，政府发挥着重要的组织和引导作用。政府负责制定乡村振兴战略和政策，提供资金、技术和管理支持，推动乡村的可持续发展。政府还负责进行土地综合治理，改善农业生产条件和乡村环境，提高土地的利用效率和经济效益。

（六）企业经营+乡村公共资源利用

1. 概念与内容

企业参与乡村公共设施的建设和运营。

2. 模式优势

提高公共资源利用效率，企业具有专业的管理和技术经验，能够更好地发掘和利用乡村公共资源的潜力，提高资源利用效率和经济效益。促进乡村经济发展，企业的参与可以为乡村带来更多的投资和就业机会，促进乡村经济的多元化发展，增加当地居民的收入来源。改善乡村基础设施，企业可以投资改善乡村基础设施，如交通、通信、水利等，提升乡村整体发展水平。保护和传承文化遗产，通过企业的参与，乡村文化遗产可以得到更好的保护和传承，促进乡村文化的发展和传播。增加社会效益，企业的参与可以促进乡村的可持续发展，提高当地居民的生活质量，增强乡村凝聚力。

（七）田园综合体+业态配套

1. 概念与内容

以田园综合体为核心，发展多种相关业态。

2. 模式优势

"田园综合体+业态配套"模式是一种将田园综合体建设与多种业态配套相结合的发展模式。这种模式注重在田园综合体的基础上，引入多种业态，形成完整的产业链和多元化的消费场景，促进乡村经济的转型升级和可持续发展。

田园综合体是该模式的核心基础，通常包括农业、林业、畜牧业等多个产业领域，以及农村土地、自然环境、农业资源和人力资源等要素。通过田园综合体的建设，可以实现农业现代化、农村产业升级和农民收入增长等多重目标。

多种业态配套是该模式的特色所在。在田园综合体的基础上，引入多种业态，如生态农业休闲旅游、健康养生、文化创意等，形成完整的产业链和多元化的消费场景。这些业态可以相互促进、互为支撑，提高田园综合体的整体竞争力和吸引力。

（八）返乡自主经营＋乡村建设

1. 概念与内容

鼓励和引导外出务工人员返乡自主经营，参与乡村建设。

2. 模式优势

"返乡自主经营＋乡村建设"模式是一种鼓励和支持返乡人员自主经营、参与乡村建设的发展模式。该模式旨在吸引在外打拼的农民工、大学生等群体返回家乡，利用他们的经验、技能和资源，为乡村的经济社会发展作出贡献。

该模式可以促进乡村经济发展，返乡人员回乡创业可以带来新的资金、技术和市场资源，促进当地产业的升级和发展，增加就业机会和农民收入；改善乡村基础设施，返乡人员可以利用自己的资源和经验，积极参与乡村基础设施建设，如道路、水利、通信等，提升乡村的整体发展水平；保护和传承文化遗产，返乡人员可以挖掘和传承当地的文化资源，保护和发扬乡村的文化遗产，促进乡村文化的传承和发展；增加社会效益，通过参与乡村建设，返乡人员可以为乡村社区带来更多的正能量和活力，促进乡村社会的和谐发展。

（九）轻资产＋自主投资＋自主运营

1. 概念与内容

以轻资产方式进行自主投资和运营管理。

2. 模式优势

"轻资产＋自主投资＋自主运营"模式是一种企业战略模式，它以轻资产为核心，强调自主投资和自主运营，旨在降低企业的经营风险和财务成本，提高企业的竞争力和盈利能力。

在该模式下，企业将重心放在轻资产上，即那些能够为企业带来高附加值的环节，如品牌、技术、管理等。企业通过外包或租赁等方式，将一些非核心业务和重资产业务转交给专业的公司或团队去经营，从而集中精力和资源发展自己的核心业务。

（十）乡村＋电商＋特色产业

1. 概念与内容

利用电商平台，推广乡村特色产业和产品。

2. 模式优势

"乡村+电商+特色产业"模式是一种将乡村资源、电商和特色产业相结合的发展模式。这种模式旨在通过发掘乡村的特色资源，利用电子商务平台，拓展乡村产业的市场空间，促进乡村经济的转型升级。在这种模式下，乡村成为电商发展的核心区域。乡村地区通常拥有丰富的自然资源、人文景观和特色产品，这些都是发展电商的基础条件。通过挖掘和整合这些资源，乡村可以打造具有特色的电商产品和服务，吸引消费者和市场的关注。

第三节 乡村技术创新与推广

一、农业科技创新与成果转化

通过农村基础建设、典型示范、技术组装、农技培训和政府职能的综合，推广农业科技成果，是农业可持续发展的必由之路。

（一）切实加强基础建设疏通科技成果转化的渠道

一是建立农技推广组织机构，形成以省为主渠道，以市为重点，以乡为骨干，以村为基础，以民间科技组织为补充的农技推广网络和以农业站、畜牧站、园艺特产站、农机站、林业站、经营站、水利站等为主体的横向网络的门类广、功能全、多层次、多成分的上下贯通、纵横交错、左右联系的农技推广组织体系。二是健全社会化服务体系，搞好农业成果推广的全程服务，最大限度地提高成果转化的有效性，促进科技成果向规模化、产业化方面发展。例如，为了转化肉鸡高产综合配套技术这项科技成果，在养鸡的重点乡镇成立了科技服务公司，对养鸡行业进行全过程服务，做到"七统一到户"，即统一贷款到户、统一送雏到户、统一送料到户、统一培训到户、统一防疫到户、统一回收到户、统一结算到户。三是从科技情报信息系统建设、举办科技成果展示会、召开成果转化交流会、大力宣传科技成果等四个方面疏通信息渠道，把科技信息尽快送到农民那里。四是从三个渠道促进科技人员与农民的结合。其一以农业科技人员为核心建立农业专业研究会和农民技术协会；其二采取"四包一挂"的形式，即包技术、包产量、包效益、包赔偿，实行责权利挂钩；其三以省内大专院校、科研单位的专业人才为骨干组成的科技服务小分队，在农业生产的关键季节到农村去搞技术讲座，现场传播技术知识。

（二）积极抓好典型示范，培育科技成果转化的辐射源

在农业科技示范工作中，重点抓"三区"建设。一是农业科技园区建设。引入先进的农业科研机构和高校入驻园区，建立联合研发中心。通过完善组织机构，实事求

是地制定切实可行的园区建设发展规划和与之相配套的优惠政策，积极组织对园区的科技培训，大力转化推广先进成熟的科技成果，强化组织、协调、指导和管理，使之迅速成长和发展起来。二是农业高新技术产业示范区建设。政府出台税收优惠政策，对入驻示范区的农业高新技术企业，在一定期限内减免企业所得税。如对从事生物农药研发生产的企业，前三年免征企业所得税，第四年至第六年减半征收，降低企业运营成本，鼓励企业加大研发投入。同时，制定人才优惠政策，为高层次农业科技人才提供住房补贴、子女入学便利等。定期举办国际农业科技学术研讨会，促进国内外农业科技人才的交流与合作，提升示范区的科技创新水平。三是农业科技示范园区建设。完善灌溉设施，采用智能化滴灌、喷灌系统，建设高标准农田道路，方便农业机械通行和农产品运输。运用卫星定位和地理信息系统（GIS）进行农田精准施肥、施药等。

（三）精心进行技术组装，提高科技成果转化的综合效益

技术组装重点应从两个方面入手。一是围绕粮食（玉米、水稻、大豆）、畜牧（牛、猪）、水产（鱼、虾）、优势特产资源和生物技术等重点领域进行技术攻关，使其形成规模效益的项目，并与省级大农业工程配套，与国家计划项目配套。例如，在农作物新品种方面，围绕玉米、水稻、大豆三大优势作物，对产前、产中、产后的一些关键技术（如耕作方法、病虫害防治）开展系列攻关，取得像玉米早熟丰产综合技术、玉米抗旱保苗技术、玉米大面积机械化综合高产技术、水稻大棚盘育、水稻育苗床土调酸综合技术、盐碱地种稻技术和大豆综合丰产技术等一大批科技成果，初步建立起与生产条件相适应的耕作栽培及病虫害防治的配套技术。二是合理组织，全力组织推广。把各项技术组装起来，有组织、有计划地加以大力推广。

（四）经常开展农技培训，优化科技成果转化的受体和载体

一是加强农技培训中心建设。进一步建立健全"适应需要、服务基层、手段先进、灵活高效"的农民科技教育培训体系。各级农民科技教育培训中心要充分利用农村现代远程教育网络的优势，积极发挥农业科研单位、农业高中等院校、农业推广服务机构、农业中介服务组织和农业产业化龙头企业的作用，创新培训机制。二是开展科普之春、科技之夏、科技之秋和科技大师团等活动。分别在农业生产的产前、产中、产后利用农闲时间对农民进行科技培训。把科技致富能手（大王）组织起来，组成科技致富大王讲师团到各地进行科技致富宣传，使农民在亲身体验、现身说法中受到教育。三是推广绿色证书制度。为农业技术骨干颁发推广绿色证书，使其成为转化农业科技成果、推广新技术、培育和选用良种、防治病虫害及技术咨询的带头人。四是实行农民职业规范化教育。以农业职业技术学校、农业广播学校以及实行（3+1）体制的普通中学和各类技术培训中心为阵地，对农民进行较系统的培训，使农民职业教育经常化、

制度化和规范化。

二、乡村科技创新平台的搭建

乡村科技创业是实现乡村振兴和解决"三农"问题的重要途径之一。通过引入科技创业项目，可以促进农业产业升级、提升乡村发展水平，进一步增加农民收入、改善农民生活。

（一）农村科技专家大院模式

该模式始于陕西宝鸡，其核心环节是通过激励政策，鼓励科技人员深入农村生产第一线，领办和创办科技企业，进行技术示范和技术推广。激励政策主要是科技人员以技术参股的形式，通过利益共享、风险共担等各项措施，进行各项技术模式示范，实行有偿服务。该模式集农业科研、试验、示范、培训、推广于一体，实际上是一个由政府引导、项目推动、专家领办、市场化运作、示范引导的农业科技传播体系。该模式有效地解决了科技与农民的对接，实现了农村的信息化，加速了农业科技成果的转化，加快了农民致富奔小康的步伐。

（二）龙头企业技术创新中心模式

该模式是以大专院校、科研单位为技术依托，以涉农企业为龙头，带动周边农民参与农村科技服务的一种有效形式。在该模式中，专家与涉农企业以技术合作的形式结合在一起，科研机构执行农业科学研究的系统功能，大专院校主要为涉农企业提供所需的技术服务，包括新产品和技术的开发、技术指导以及相应的产中咨询等。农业龙头企业是农户和市场相联系的纽带，既是农业生产者，又是农产品的消费者，具有科研开发、成果推广和技术培训等功能。这类龙头企业随着农村科技传播体系的不断发展和完善，在农业科技传播中的优势和作用越来越明显，尤其在推进农业科技传播应用方面有着其他中介组织无可比拟的优势。

（三）农村专业技术协会模式

农村专业技术协会是农民按照自愿和互惠互利的原则，以农产品和技术为纽带组建的，为会员提供产前、产中、产后服务的社团性合作组织，是农民经济合作组织的一种。其经济活动的一体化程度介于纯粹的企业和纯粹的政府之间，提供的信息具有较强的指导性，能较好地将有关会员与市场有效地连接起来。农民专业协会可以在一定程度上作为中间协调组织，代表农户和企业对话，较好地协调农户和企业之间的利益关系。农村专业合作组织是市场经济和农业现代化的必然产物，是现代农村科技服务体系中向农民提供科技推广、信息咨询、物资供应、产品销售等服务的主要力量，农村专业合作组织的存在，加快了农业科技成果的推广和应用，有利于推进农业科技产业化的进程，拓宽了农业社会化服务体系的服务内容。

（四）农业科技特派员模式

在该模式中，农业科技特派员以技术、资金等生产要素入股，与企业、农民建立"风险共担，利益共享"的利益共同体，形成了农技推广的"付出－回报"机制，调动了科技人员找项目、抓科技、促流通的积极性。科技特派员到农村后通过抓典型、搞培训、钻项目、跑市场、建立利益共同体等方式，为当地农民提供全方位、多层次的科技服务。这一方式是对整个农村科技体制的一个改革和补充，不仅有效地推动农村科技服务工作，而且还促进了农村经济结构调整与农业科技成果的有效转化，推进了科农携手合作，造就了一批优秀的科技人才，具有资源整合、示范辐射、组织体系与人才激活三种基本功能。

（五）农村科技示范基地、科技小院模式

农村科技示范基地是在农业科技力量较雄厚、具有一定产业优势、经济相对较发达的城郊和农村，划出一定区域，由政府、企业、农户或外商在国内投资兴建，以企业化的方式进行运作，以农业科研教育和技术推广单位作为技术依托，集农业、林业、水利、农机、工程等高新技术为一体，引进国内外优质品种和先进适用的技术，展示现代农业科技对现代农业技术和新品种、新设施，对农业新产品和新技术集中投入、集中开发，形成农业高新技术的开发基地、集中种植基地、产业化基地，推动农业综合开发和现代农业建设的一种农业综合开发方式。农业科技示范基地的建设，可以充分发挥技术密集、人才密集的优势，对农业生产者开展教育培训，提高其技术和经营管理能力。该模式被实践证明是农业高新技术示范、推广和应用的理想平台。

农业科技小院是一种将农业科技创新、人才培养与农业生产实践紧密结合的新型农业科技服务模式。2009年，中国农业大学在河北曲周建立了第一个农业科技小院。此后，这种模式逐渐在全国推广开来，涵盖了粮食作物、经济作物、畜牧养殖等多个领域。将高校和科研机构的先进技术、理念引入农村，结合当地实际情况进行集成创新，为农业生产提供综合解决方案。科技人员长期驻扎在农村，与农民紧密结合，实现了农业科技与农业生产的零距离对接。充分利用高校和科研机构的人才、技术优势，为科技小院提供技术支持和智力保障。不仅为农民提供技术培训，还培养了一批有文化、懂技术、会经营的新型职业农民和农业科技人才。例如，昭通学院与云南农业大学联合申报的云南彝良天麻科技小院、云南昭通苹果科技小院。

第四节 乡村创新生态构建

一、创新氛围营造

聚力乡村人才振兴,切实为乡村振兴提供坚强的人才支撑,既要讲求机制创新,也要注重创业氛围营造。

(一)以机制创新为驱动,增强聚才引力

一是切实落实好相关指导性文件和实施办法,最大限度激发人才活力。加大现有人才培育力度,吸引本土高层次人才柔性回归乡村,建立自主培养与人才引进相结合、学历教育、技能培训、实践锻炼等多种方式并举的农村人力资源开发机制。以大学生、进城务工人员、退伍军人等群体为重点,吸引更多人才投身现代农业,培养造就心怀农业、情系农村、视野宽阔,理念先进的新农民。二是健全人才工作运行机制。坚持党管人才原则,建立完善人才工作科学决策、分工协作、沟通落实和督促检查的各项制度,积极构建统筹规划、整合资源、协调各方的人才工作新格局。

(二)以氛围营造为助力,优化人才环境

一是加强人才教育培养。整合各类资源,开展农村人才培养,依托"一农讲堂"切实做好农村干部、农民企业家、农民合作社和农民的培训工作。二是提高人才政治站位。加强党委联系服务优秀人才工作,完善人才建言献策机制,做好专家研修、慰问等工作,增强专家人才的认同感,向心力。三是营造尊才爱才氛围。积极创造有利于各类人才成长和发挥作用的良好环境,把现有农村各类人才稳定好、利用好,充分发挥现有人才的作用,加大宣传表彰力度,进一步营造尊贤爱才、见贤思齐的良好氛围。除此之外,也要发掘并应用乡村文化资源,激发乡村地区创新潜能。

首先,打造文化品牌是推动乡村经济转型与升级的有效路径。政府应发挥引领作用,将乡村的传统工艺、农产品和历史遗址等文化元素转化为地方品牌。例如,传统腌制食品、手工编织品、陶瓷和民族服装等,均可作为文化品牌进行推广。这些产品经过包装和市场化后,不仅能吸引游客,还能开辟新的销售渠道,提升乡村的知名度和吸引力。具体来说,某些地区依托当地的自然景观和历史文化,开发了旅游产品,包括特色文化节庆活动、农家乐和乡村旅游线路等。这些活动使游客可以在体验乡村独特魅力的同时,也为当地居民创造新的就业和收入来源。如此,乡村的传统文化得以保护和传承,并能够转化为推动地方经济发展的新动力。

其次,利用现代科技手段保存和传承文化同样是提升乡村文化价值的重要途径。应用虚拟现实(VR)和增强现实(AR)技术可重现乡村的历史场景或传统活动,增加

与用户的互动性，使文化体验更为生动和吸引人。例如，VR技术可让用户虚拟参观远离城市的乡村地区，体验传统节日和日常生活；AR技术则可在博物馆或文化遗址中通过图像叠加增强游客的体验。

最后，网络平台和社交媒体的广泛使用让乡村的文化特色和故事得以更广泛传播至全国甚至全球。这提升了乡村的知名度，从而吸引了更多外部关注和参与。其中，网络平台是展示乡村文化的窗口，社交媒体的互动性和易分享性则使文化故事传播更迅速和广泛。此外，激发乡村居民的文化创新能力对提升乡村振兴效果极为重要。为此，当地政府可举办文化创意比赛和培训工作坊，鼓励村民将传统文化与现代设计思维结合，开发新产品和服务，培养居民的创新意识和技能，促进文化的可持续发展和经济价值的增长。

综合运用上述策略，不仅可以使乡村的文化资源得到有效的保护和应用，并带来经济收益，同时也有助于增强乡村的发展能力和文化自信。这种基于文化资源的创新和发展，为乡村振兴开辟了新路径。

二、创新合作网络构建

合作网络，兼具合作学习和创新网络双重内涵，是学习者结成合作互助关系进行知识交换、创意交流、思想碰撞的资源平台，是创新人才的成长土壤。

鼓励引导专业大户、家庭农场、农民合作社、龙头企业等新型农业经营主体和国有农牧场运用互联网思维，改造流通、管理和经营方式，形成一批具有自主开展电子商务能力的企业和品牌。鼓励新型农业经营主体开展电子商务试点示范，推广线上营销和线下体验化经营模式，推动生鲜农产品直配、农业品牌推广公司、农资下乡和休闲观光农业电子商务率先突破。加强新型职业农民培育，及时提供在线教育培训、移动互联和政策配套等服务，促进新型职业农民应用互联网技术开展创业创新。

注重培育农业电子商务综合平台，加快电子商务平台地方特色馆及村级电子商务服务站建设，推动优质农产品、农资和服务上网销售。鼓励建设农业电子商务产业园区，提供企业孵化、人才培训、服务外包、技术研发和物流仓储等多种服务，打造农业电子商务高效运营载体。充分发挥科技进村服务站、农村超市、农资门店、为民服务中心、农业品牌推广公司等主体作用，推进村级电子商务综合服务站点建设。鼓励快递物流企业参与农业电子商务平台建设，探索产地直销、订单生产等营销新模式。探索生鲜农产品和种子、化肥、农（兽）药等农资电子商务发展模式。

第九章 乡村 CEO 的可持续发展观

第一节 可持续发展的理念与原则

一、可持续发展的基本概念

可持续发展的概念最早在 20 世纪 80 年代被广泛提出，并在 1992 年联合国环境与发展大会上得到进一步推广。这一概念强调了环境保护与社会经济发展的协调统一，并在全球范围内被广泛采纳。可持续发展的理念与原则是现代社会发展的重要指导方针，它们强调在满足当前世代需求的同时，不损害未来世代满足其需求的能力。以下是对可持续发展理念与原则的详细阐述。

（一）可持续发展的理念

可持续发展理念是指既满足当代人的需要，又不对后代人满足其需要的能力构成危害的发展。它强调经济、社会、资源和环境保护的协调发展，旨在实现人类社会的长期繁荣与可持续发展。这一理念体现了对自然环境的尊重和保护，以及对人类自身长远利益的考虑。

（二）可持续发展的原则

可持续发展的原则主要包括以下三个方面。

1. 持续性原则

（1）核心意义。强调人与自然、生态的和谐发展，保证资源再生、循环或替代，维持环境自净能力。

（2）具体要求。要求人类的经济和社会活动不能超越自然资源和生态环境的承载能力。在发展经济的同时，必须妥善保护自然资源基础，形成社会发展的良性循环。这意味着我们需要合理开发、利用自然资源，确保再生性资源能够实现再生，非再生性资源能够得到替代和充分补偿。

2. 公平性原则

（1）核心意义。强调资源、环境和生态在代际间和代内间的公平发展。

（2）代际公平。即每一代人的社会发展，既应满足当代人的发展需求，又不能对子孙后代的发展造成危害。这要求我们在制定发展政策时，要考虑到未来世代的利益，避免短视行为对后代造成不利影响。

（3）代内公平。即本代人之间的公平，要求资源分配和社会机会应平等地提供给所有人，避免贫富差距过大和社会不公现象。

3. 共同性原则

（1）核心意义。强调可持续发展是世界各国共同的责任和义务。

（2）具体要求。由于地球的整体性和资源的有限性，各国在追求自身发展的同时，必须考虑到其他国家和全球的共同利益。因此，各国应加强合作，共同应对全球性环境和发展挑战，推动全球可持续发展进程。

（三）可持续发展的要素

在实践中，可持续发展的实施涉及多个层面，旨在实现经济、社会和环境的协调、平衡和持续的发展。可持续发展包含经济、社会、环境三大核心要素，它们之间相互依存、相互促进，共同构成了一个复杂的系统。

（1）经济可持续发展。强调在保护环境的前提下，实现经济的持续增长。这要求经济发展不仅要注重数量的增长，更要注重质量的提升，通过转变经济发展方式、优化产业结构、提高资源利用效率等途径，实现经济的绿色、低碳、循环发展。

（2）社会可持续发展。关注人类社会的公平、公正与和谐。这要求在实现经济发展的同时，注重社会公平和正义，保障人民的基本权益和福祉，推动社会事业的全面进步和人的全面发展。

（3）环境可持续发展。强调在经济发展和社会进步的过程中，必须保护好人类赖以生存的自然环境。这要求我们在开发利用自然资源时，要遵循自然规律，合理控制开发强度，保护好生态系统的完整性和稳定性，实现人与自然的和谐共生。

二、乡村可持续发展的重要性

乡村可持续发展是实现国家全面发展、构建和谐社会、保障国家长远利益的重要基础。它是推动农村经济社会全面进步、实现城乡融合发展的重要途径。其重要性体现在以下四个方面。

（一）经济繁荣

（1）提高农业生产效率。通过引入现代农业技术和管理模式，提高农业劳动生产率，提高农产品产量和质量，从而满足市场需求，促进农村经济发展。

(2)促进产业升级。鼓励和支持农村非农产业的发展，如乡村旅游、农村电商等，形成多元化产业格局，增加农民收入来源。

(3)增强经济韧性。可持续发展强调经济系统的稳定性和抗风险能力，通过发展特色产业和多元化经济，增强乡村经济对外部冲击的抵御能力。

(二)社会进步

(1)提升农民生活水平。通过增加农民收入、改善农村基础设施和公共服务设施，提高农民的生活品质，缩小城乡差距。

(2)促进社会公平。可持续发展注重社会公平和正义，通过政策支持和资源倾斜，保障农村弱势群体的基本权益，促进社会和谐稳定。

(3)文化传承与创新。保护和传承乡村文化遗产，挖掘乡村文化资源，打造具有地方特色的乡村文化品牌，促进乡村文化的繁荣和发展。

(三)环境保护

(1)维护生态平衡。可持续发展强调在经济发展的同时保护好生态环境，通过实施生态修复工程、推广绿色生产方式等措施，维护乡村生态系统的平衡和稳定。

(2)促进资源节约利用。在农业生产和乡村建设中注重资源利用效率，提倡循环经济理念，最大程度地减少资源浪费，促进资源可持续利用。

(3)应对气候变化。乡村地区是应对气候变化的重要阵地，通过植树造林、节能减排等措施，减少温室气体排放，缓解气候变化对乡村的影响。

(四)城乡融合

(1)促进要素流动。加强城乡间生产要素的流动和配置，推动城乡经济互动和优势互补，实现城乡经济共同发展。

(2)提升乡村吸引力。通过改善乡村基础设施和公共服务设施、提升乡村环境品质等措施，增强乡村对人才、资金等要素的吸引力。

(3)推动城乡等值化发展。实现城乡在基础设施、公共服务、收入水平等方面的等值化发展，缩小城乡差距，促进城乡融合。

综上所述，乡村可持续发展对于推动农村经济社会全面进步、实现城乡融合发展具有重要意义。它不仅关乎农民的福祉和乡村的繁荣，也关系到整个国家的可持续发展和全面现代化。因此，我们应该高度重视乡村可持续发展工作，采取有效措施推动其不断向前发展。

第二节 乡村经济可持续发展

一、绿色经济与循环经济

（一）绿色经济

绿色经济是一种以效率、和谐、持续为发展目标，以生态农业、循环工业和持续服务产业为基本内容的经济结构、增长方式和社会形态。其核心在于实现经济与环境的和谐共存，强调以人为本，全面发展经济并保障人民的生活福利水平。绿色经济不仅关注资源的节约和环境的保护，还致力于推动经济结构的优化和增长方式的转变。其特点与优势如下。

（1）资源节约型和环境友好型。绿色经济以资源节约和环境友好为主要内容，资源消耗低、环境污染少。

（2）高效益与高附加值。绿色经济追求高附加值的产品和服务，通过技术创新和产业升级提高经济效益。

（3）带动效应明显。绿色经济能够带动一大批新兴产业的发展，创造就业和扩大内需，推动经济稳步增长。

（二）循环经济

循环经济，也被称为资源循环型经济，是一种以资源节约和循环利用为特征、实现经济与环境和谐发展的经济增长模式。它强调把经济活动组织成一个"资源－产品－再生资源"的反馈式流程，以实现资源的最大化利用和废弃物的最小化排放。其特点与优势如下。

（1）"减量化、再利用、资源化"原则。循环经济以"减量化、再利用、资源化"为原则，通过技术创新和制度创新推动资源的高效利用和循环利用。

（2）系统性与整体性。循环经济将经济系统与自然生态系统视为一个整体，强调系统内各要素之间的相互依存和循环流动。

（3）生态与经济双赢。循环经济在实现资源节约和环境保护的同时，也促进了经济的可持续发展和生态效益的提升。

（三）绿色经济与循环经济的关系

绿色经济与循环经济在本质上都是符合可持续发展理念的经济发展模式，它们具有相同的系统观、发展观、生产观和最终目标。然而，两者在侧重点和实施方式上存在一定的区别。

（1）侧重点不同。绿色经济更侧重于通过实现绿色生产、绿色流通和绿色分配来兼顾物质需求和精神需求；而循环经济则更侧重于资源的循环利用和废弃物的减量化排放。

（2）实施方式不同。绿色经济通过推动产业结构的优化和增长方式的转变来实现经济的可持续发展；而循环经济则通过构建"资源–产品–再生资源"的反馈式流程来实现资源的高效利用和循环利用。

综上所述，绿色经济与循环经济在推动经济可持续发展方面相辅相成、相互促进。在实践中，应根据具体情况选择适合的发展模式或将两者有机结合起来，以实现经济、社会和环境的全面协调发展。

二、乡村产业的可持续竞争力

乡村产业的可持续竞争力是一个综合性的概念，涉及产业结构、资源利用、环境保护、技术创新、市场适应以及政策支持等多个方面。通过不断优化产业结构、提高资源利用效率、加强环境保护、推动技术创新、提升市场适应能力以及加强政策支持等措施，可以有效提升乡村产业的可持续竞争力，推动乡村经济持续健康发展。以下是对乡村产业可持续竞争力的详细分析。

（一）产业结构优化

（1）多元化发展。乡村产业应实现多元化发展，不仅限于传统农业，还应向农产品加工业、乡村旅游业、农村电商等二三产业延伸，形成一二三产业融合发展的格局。这种多元化发展有助于降低对单一产业的依赖，提高乡村经济的抗风险能力。

（2）特色化经营。结合当地资源禀赋和市场需求，发展具有地方特色的乡村产业。如特色种植、养殖、手工艺品制作等，通过打造品牌、提升品质，增强市场竞争力。

（二）资源高效利用

（1）循环经济。推广循环经济模式，实现资源的最大化利用和废弃物的最小化排放。通过发展生态农业、循环农业，提高资源利用效率，减少环境污染。

（2）科技创新。引入现代农业科技，提高农业生产效率和产品质量。如智能化种植、精准施肥、病虫害绿色防控等技术，有助于降低生产成本，提高农产品附加值。

（三）环境保护

（1）绿色发展。坚持绿色发展理念，将环境保护纳入乡村产业发展规划。通过实施生态修复、水土保持等措施，保护乡村生态环境，为产业发展提供良好条件。

（2）绿色认证。鼓励和支持乡村产业进行绿色认证，如绿色食品、有机食品等认证，提高产品附加值和市场竞争力。

（四）技术创新

（1）研发投入。加大对乡村产业技术创新的研发投入，支持农业科研机构和企业开展新品种、新技术、新装备的研发和推广。

（2）人才培养。加强乡村产业人才队伍建设，培养一批懂技术、会经营、善管理的乡村产业人才。通过举办培训班、现场指导等方式，提高农民的技术水平和经营能力。

（五）市场适应能力

（1）市场调研。加强市场调研，了解消费者需求和市场趋势，为产业发展提供科学依据。通过精准定位、差异化竞争等策略，提高产品的市场占有率和竞争力。

（2）品牌建设。加强品牌建设，提升乡村产业的知名度和美誉度。通过参加展会、举办节庆活动等方式，扩大产品影响力，吸引更多消费者关注和购买。

（六）政策支持

（1）政策引导。政府应出台相关政策，引导和支持乡村产业发展。如提供财政补贴、税收优惠、金融支持等政策措施，降低产业发展成本，提高产业竞争力。

（2）服务保障。加强乡村产业服务体系建设，为产业发展提供全方位、多层次的服务保障。如建立技术服务平台、市场信息平台等，为产业发展提供技术支持和市场信息。

第三节　乡村社会可持续发展

一、乡村社会可持续发展的综合目标

乡村社会可持续发展的综合目标旨在农村地区实现经济、社会和环境三个方面的平衡与协调，以满足当前世代的需求，同时不损害未来世代满足其需求的能力。以下是关于乡村社会可持续发展的详细分析。

（一）经济可持续发展

（1）提高农业生产效率。通过推广现代农业技术，如精准农业、智能农业等，提高农作物的产量和质量，降低生产成本。同时，加强农业基础设施建设，如农田水利、农业机械化等，为农业生产提供有力保障。

（2）促进农村经济的多元化。鼓励发展农村二三产业，如农产品加工业、乡村旅游、农村电商等，形成多元化的农村产业结构。这不仅可以增加农民收入，还可以提高农村经济的抗风险能力。

（3）加强农村金融服务。提供便捷的金融服务，如小额信贷、农业保险等，帮助农民解决资金短缺问题，降低农业生产风险。

（二）社会可持续发展

（1）提升农村公共服务水平。加强农村教育、医疗、文化等公共服务设施建设，提高农村居民的生活质量和幸福感。例如，加强农村学校建设，提高教育质量；完善农村医疗体系，保障农民基本医疗需求。

（2）促进农村社会和谐。加强农村社会治理，推动法治、德治、自治相结合，构建和谐的农村社会关系。同时，关注农村弱势群体的生活状况，提供必要的帮助和支持。

（3）增强农民的社会保障和福利。建立健全农村社会保障体系，包括养老保险、医疗保险、最低生活保障等，为农民提供全面的社会保障。此外，还可以通过政策扶持和社会救助等方式，帮助贫困农民脱贫致富。

（三）环境可持续发展

（1）保护农村生态环境。加强农村生态环境保护，推广生态农业、有机农业等绿色生产方式，减少化肥、农药等化学物质的使用。同时，加强农村生活垃圾和污水处理设施建设，改善农村人居环境。

（2）合理利用自然资源。在保护生态环境的前提下，合理开发和利用农村自然资源，如水资源、土地资源等。通过科学规划和管理，实现资源的可持续利用。

（3）推动绿色能源发展。鼓励和支持农村绿色能源的发展，如太阳能、风能等可再生能源的利用。这不仅可以减少农村对化石能源的依赖，还可以降低农村能源成本和减少环境污染。

（四）政策支持与社会参与可持续发展

（1）加强政策引导和支持。政府应制定有利于乡村社会可持续发展的政策措施，如财政补贴、税收优惠等，为乡村发展提供政策保障。

（2）推动社会参与。鼓励企业、社会组织和个人等社会各界参与乡村社会可持续发展事业。通过合作共建、捐资捐物等方式，为乡村发展提供资金、技术和人才支持。

（3）加强宣传教育。加强对农民的宣传教育，提高他们对可持续发展的认识和意识。通过举办培训班、发放宣传资料等方式，普及可持续发展知识和理念，引导农民积极参与可持续发展实践。

（五）文化传承、教育培训与乡村可持续发展

（1）乡村文化保护。保护和传承乡村传统文化、民俗、建筑风格等。同时结合现代元素，创新乡村文化，发展乡村文化产业。

（2）教育资源。改善乡村教育资源，提高教育质量和普及率。

（3）职业培训。提供职业技能培训，提高乡村居民的就业能力和创业能力。

（六）基础设施

（1）交通网络。改善乡村交通网络，提高通达性。

（2）公共设施。建设和完善乡村公共设施，如供水、供电、卫生设施等。

乡村社会可持续发展需要政府、企业、社会组织和个人等各方共同努力，通过经济、社会和环境三个方面的协调发展，实现乡村的全面繁荣和进步。

二、社会和谐与治理能力提升

社会和谐是乡村振兴的基石，它体现在人与自然、人与社会、人与人之间的和谐共处，治理能力的提升能够更有效地解决社会问题、化解社会矛盾、维护社会稳定，从而推动和谐社会的建设。例如，通过加强社会治理创新，提高社会治理效率和质量，可以更好地满足人民群众的需求和期望，增强人民群众的幸福感和满意度。

和谐社会的建设为治理能力的提升提供了良好的社会环境和条件。在和谐社会中，人们之间的关系更加融洽、社会氛围更加和谐稳定，这有利于治理工作的顺利开展和治理能力的提升。同时，和谐社会的建设也要求不断提升治理能力以应对新的挑战和问题。提升乡村社会治理能力就显得尤为重要，其途径有以下五个方面。

（一）完善治理体系

（1）加强党组织领导。完善党组织领导下的村民自治制度，发挥党组织在乡村治理中的核心作用。

（2）健全治理机制。建立健全村民会议、村民代表会议、村民小组会议等民主决策机制，保障村民的知情权、参与权、表达权和监督权。

（二）强化法治保障

（1）加强法律宣传。提高村民的法律意识和法治观念，引导村民依法表达诉求、维护权益。

（2）完善法律服务。建立健全乡村法律服务体系，为村民提供便捷、高效的法律服务。

（3）严格执法。加大乡村执法力度，严厉打击各类违法犯罪行为，维护乡村社会秩序。

（三）推动科技支撑

（1）利用数字技术。推广数字乡村建设，利用大数据、云计算、人工智能等现代信息技术手段提升乡村社会治理的智能化水平。

（2）建立信息平台。建立乡村社会治理信息平台，实现信息共享和资源整合，提高治理效率。

（四）促进文化和谐

（1）挖掘乡村文化。深入挖掘乡村文化资源，传承发展优秀传统文化，丰富乡村文化生活。

（2）培育文明乡风。加强农村精神文明建设，培育文明乡风、良好家风、淳朴民风。

（五）提升公共服务

（1）完善基础设施。加大投入力度，完善乡村交通、水利、能源等基础设施建设。

（2）优化公共服务。提升乡村教育、医疗、养老等公共服务水平，满足村民日益增长的美好生活需要。

为了提升乡村社会治理能力，需要从多个方面入手，构建多元共治、法治保障、科技支撑的现代乡村社会治理体系。乡村社会和谐与治理能力的提升是一个长期而复杂的过程，需要政府、社会、村民等多方面的共同努力。未来，应继续开展加强党组织领导、强化法治保障、推动科技支撑、促进文化和谐、提升公共服务水平等方面的工作，构建更加和谐、有序、高效的乡村社会治理体系。同时，还应注重借鉴其他地区的成功经验和做法，结合本地实际情况进行创新和探索，推动乡村社会和谐与治理能力的持续提升。

三、公共服务均等化与社会保障

公共服务均等化与社会保障是现代国家构建和谐社会、实现公平正义的重要方面。

（一）公共服务均等化

公共服务均等化是指政府通过公平分配公共资源，确保所有公民都能平等地享有基本公共服务，如教育、医疗、交通、文化等。

在我国，公共服务均等化已经成为政府工作的重要内容。近年来，政府通过加大投入、优化资源配置、完善政策体系等措施，不断推进公共服务均等化进程。例如，在教育领域，政府通过优化学校布局、加强师资队伍建设、完善经费保障机制等措施，努力实现城乡义务教育均衡发展；在医疗领域，政府通过推进医疗卫生体制改革、加强基层医疗卫生机构建设、提高医疗保障水平等措施，不断提升城乡居民的医疗健康水平。

1. 目标

（1）消除城乡、区域差距。使不同地区、不同群体的公民都能享受到大体相等的基本公共服务。

（2）保障基本人权。通过均等化的公共服务，保障公民的基本生存和发展权利。

2. 措施

（1）财政转移支付。通过财政转移支付，增加对贫困地区和农村地区的公共服务投入。

（2）优化资源配置。根据人口分布和需求，合理配置公共服务资源。

（3）提升服务效率。通过技术创新和管理创新，提高公共服务的质量和效率。

（4）立法保障。制定相关法律法规，保障公民享有公共服务的权利。

（二）社会保障

社会保障是指国家通过立法，动员社会各方面资源，为公民在遭遇年老、疾病、伤残、失业、生育、死亡等风险时，提供基本生活保障和社会服务的一种制度。

1. 目标

（1）风险分散。帮助个人和家庭抵御生活中的各种风险。

（2）保障基本生活。确保所有公民在遇到困难时，基本生活得到保障。

2. 措施

（1）社会保险。建立和完善养老保险、医疗保险、失业保险、工伤保险和生育保险等。

（2）社会救助。为低收入家庭和特殊困难群体提供最低生活保障、医疗救助、教育救助等。

（3）社会福利。提供面向全体公民的福利服务，如公共教育、公共卫生、住房保障等。

（4）慈善事业。鼓励和支持社会力量参与慈善事业，补充社会保障体系。

（三）公共服务均等化与社会保障的关系

公共服务均等化与社会保障之间是相互依存、相互促进的关系。

一方面，公共服务均等化有助于提升社会保障制度的覆盖面和保障水平。通过推进公共服务均等化进程，政府可以不断优化社会保障制度的资源配置和政策设计，提高社会保障制度的针对性和有效性。同时，公共服务均等化还可以促进社会保障制度的可持续发展，为社会保障制度的长期稳定运行提供有力保障。

另一方面，社会保障制度的完善和发展也有助于推动公共服务均等化进程。通过加强社会保障制度建设，政府可以不断提升社会成员的生活水平和保障水平，减少社会不平等现象的发生。同时，社会保障制度还可以为公共服务均等化提供必要的资金支持和政策保障，促进公共服务事业的持续健康发展。

第四节　乡村生态可持续发展

一、乡村生态可持续发展概念

乡村生态可持续发展是一个综合性的概念，旨在农村地区实现经济、社会和环境三个方面的平衡与协调,以满足当前世代的需求,同时不损害未来世代满足其需求的能力。要实现经济、社会和环境三个方面实现平衡与协调,必须通过一系列的政策措施和实际行动来推动农村地区的绿色发展和社会进步。

(一)经济方面

1. 农业生产方式绿色化

推广现代农业技术,减少化学农药和化肥的使用,鼓励采用生态种植和养殖技术,提高农产品的质量和安全性。发展有机农业和绿色食品产业,提升农产品的附加值和市场竞争力。通过农村化肥补贴等措施,鼓励农民使用环保型化肥,减少土壤和水体污染。

2. 农村产业结构优化

调整农业产业结构,培育特色农业和优势农产品,推动农业与第二、第三产业的融合发展。发展乡村旅游业,利用农村的自然景观和文化遗产,吸引游客前来观光、休闲和度假,带动农村经济发展。

3. 加强农村基础设施建设

投资建设农村道路、水利、电力、通信等基础设施,改善农村生产生活条件。推广清洁能源和可再生能源的使用,如太阳能、风能等,减少化石能源的消耗和污染排放。

(二)社会方面

提供基本公共服务,加强农村教育、医疗、文化等公共服务设施建设,提高农村公共服务水平。实施农村最低生活保障制度,保障农村困难群众的基本生活需求。促进农村社会和谐,加强农村社会治理,维护农村社会稳定和治安秩序。推动农村社区建设和发展,增强农民的归属感和凝聚力。提高农民素质,加强农民教育培训工作,提高农民的科学文化素质和职业技能水平。倡导绿色生活方式和消费模式,引导农民树立环保意识和可持续发展观念。

(三)环境方面

保护农村生态环境,加强农村生态环境保护工作,划定生态保护红线,禁止在红线区域内进行破坏生态环境的活动。实施农村环境连片整治工程,治理农村生活污水、垃圾和畜禽养殖污染等问题。合理利用自然资源,推广节水灌溉技术和节水器具的使用,减少水资源浪费和污染。加强土地资源保护和利用规划工作,防止耕地非农化和非粮化倾向的发生。合理开发和利用农村生物质能源资源如秸秆、畜禽粪便等废弃物资源化利用技术,减少环境污染和资源浪费。推进生态文明建设,加强农村生态文明建设和宣传工作,提高农民的生态文明素养和环保意识。推动农村绿色发展方式和生产方式的转变,促进农村经济与生态环境的协调发展。

二、生态环境保护与修复

随着农业生产和乡村旅游等活动的加快,乡村环境面临着越来越大的压力。乡村环境是农村生态系统的重要组成部分,对农民的身体健康和生存环境有着直接影响。乡村生态环境保护与修复变得尤为重要,且是一项长期而艰巨的任务,需要从全局和长远考虑,并充分考虑到乡村环境保护和修复的实际情况。通过科学的规划、有效的措施和广泛的宣传,我们可以取得较好的效益,促进农村的科学发展和可持续发展。

(一)乡村生态环境保护与修复的内容

(1)生态环境状况评估。对农村生态环境现状进行全面、系统、科学的评估,分析主要问题和矛盾,确定环境保护的重点和方向。定量和定性地制定环境质量目标,以保障农村生态环境的稳定和改善。

(2)生态环境保护与修复措施。推广绿色农业技术,引导农民科学合理使用化肥、农药,鼓励使用生物防治和有机肥料,减少化学物质对环境的污染。

(3)生活垃圾处理。完善农村生活垃圾处理体系,设立专门的垃圾收集点,加强垃圾分类宣传教育,增强农民的环保意识。

(4)畜禽养殖废弃物处理。规范畜禽养殖废弃物处理,建设沼气池、堆肥场等设施,对畜禽粪便进行无害化处理和资源化利用。

(5)生态修复。实施退耕还林、植树造林等工程,增加农村地区的森林植被覆盖率,保护和修复生态系统,提高生态服务功能。

(6)政策支持与经费保障。制定并实施包括技术支撑、政策支持、经费保障等在内的实施措施,确保乡村生态环境保护与修复工作的顺利开展。

(二)乡村生态环境保护与修复的实施路径

(1)纳入农村规划。将乡村生态环境保护与修复规划纳入农村规划中,建立健全环境保护和修复的管理体系,明确责任和任务,加强监管和督促。

(2)提高工程质量与效益。在实施乡村生态环境保护与修复工程中,需要提高工程质量与效益,科学规划工程布局,并合理利用经费和技术资源。

(3)宣传与教育。通过文化宣传和教育,宣传环境保护的重要性,营造良好的社会环境,增强群众环保意识和参与度。

三、绿色生活方式推广

在乡村地区推广绿色生活方式,是实现乡村生态可持续发展和美丽乡村建设的重要举措。以下是一些具体的推广策略和建议。

（一）加强宣传与教育

（1）普及环保知识。通过乡村广播、宣传栏、宣传册等多种渠道，向村民普及环保知识，让他们了解绿色生活方式的重要性和具体做法。

（2）举办环保活动。定期举办环保知识讲座、绿色生活体验日等活动，增强村民的环保意识和参与度。

（3）树立榜样。表彰和宣传在绿色生活中表现突出的个人和家庭，树立榜样，激励更多人参与绿色生活。

（二）推广绿色消费

（1）倡导绿色购物。鼓励村民购买环保标志产品、有机农产品等绿色产品，减少一次性用品的使用，如购物时自带购物袋、使用可重复使用的餐具等。

（2）建立绿色市场。在乡村地区建立绿色市场或农贸市场，推广绿色、有机、无污染的农产品，满足村民对绿色食品的需求。

（三）推广绿色出行

（1）优化公共交通。在有条件的乡村地区，优化公共交通线路，提高公共交通的便捷性和舒适度，鼓励村民选择公共交通出行。

（2）推广绿色交通工具。鼓励村民使用电动车、自行车等绿色交通工具，减少私家车的使用，降低碳排放。

（四）推广绿色居住

（1）推广节能建筑。在乡村地区推广节能建筑，如使用太阳能热水器、节能灯具等，降低能源消耗。

（2）美化乡村环境。加强乡村绿化美化工作，种植树木花草，提高乡村生态环境质量。

（五）推动农业绿色发展

（1）推广生态农业。鼓励村民采用生态农业技术，减少化肥农药的使用量，提高农产品的品质和安全性。

（2）发展绿色产业。结合乡村实际，发展乡村旅游、绿色农产品加工等绿色产业，增加村民收入。

（六）实施垃圾分类与资源回收

（1）推广垃圾分类。在乡村地区推广垃圾分类制度，设置垃圾分类收集点，提高垃圾资源化利用率。

（2）建立回收体系。建立废旧物品回收体系，鼓励村民将可回收物品进行回收再利用。

（七）强化政策支持与引导

（1）出台相关政策。政府应出台相关政策，对绿色生活方式给予一定的政策支持和激励，如提供绿色消费补贴、绿色出行补贴等。

（2）加强监管与评估。建立健全绿色生活方式推广的监管和评估机制，定期对推广效果进行评估和反馈，及时调整和优化推广策略。

乡村可持续发展的综合示范项目

政策集锦　强农惠农富农相关政策

《中共中央 国务院关于全面推进乡村振兴加快农业农村现代化的意见》

《关于加快推进乡村人才振兴的意见》

《关于推动脱贫地区特色产业可持续发展的指导意见》

《乡村工匠"双百双千"培育工程实施方案》

《中共中央 国务院关于学习运用"千村示范、万村整治"工程经验有力有效推进乡村全面振兴的意见》